行政学叢書⑦

国際援助行政

城山英明――[著]

東京大学出版会

Working Papers on Public Administration 7
International Aid Administration
Hideaki SHIROYAMA
University of Tokyo Press, 2007
ISBN 978-4-13-034237-7

刊行にあたって

日本行政学会の創立以来、『行政学講座』（辻清明ほか編、東京大学出版会、一九七六年）と『講座　行政学』（有斐閣、一九九四—九五年）が刊行された。私が編集代表を務めた『講座　行政学』の出版からすでに十余年の歳月が徒過してしまった。『講座』の刊行を終えたらこれに続いて『行政学叢書』の編集企画に取り掛かるというのが、私の当初からの構想であった。しかしながら、諸般の事情が重なって、刊行の予定は大幅に遅れ、とうとう今日にまで至ってしまった。

しかし、この刊行の遅れは、考えようによってはかえって幸いであったのかもしれない。一九九五年以来ここ十余年における日本の政治・行政構造の変化にはまことに大きなものがあったからである。一九九三年には自民党が分裂し、一九五五年以来三八年間続いた自民党単独一党支配時代は幕を閉じ、連立政権時代に移行した。そして政治改革の流れの始まりとして衆議院議員選挙が中選挙区制から小選挙区比例代表並立制に改められ、政党助成金制度が導入された。また一九八〇年代以来の行政改革の流れの一環として行政手続法や情報公開法が制定された。第一次分権改革によって機関委任事務制度が全面廃止され、地方自治法を初め総計四七五本の関係法令が改正された。「小沢構想」が実現に移され、副大臣・大臣政務官制度や党首討論制度が導入され、政府委員制度が廃止された。「橋本行革」も法制化され、内閣機能の強化、中央省庁の再編成、独立行政法人・国立大学法人制度の導入、政策評価制度の導入が行なわれた。さらに、総選挙が政権公約（マニフェスト）を掲げて戦う選挙に変わった。そして小泉内閣の下では、道路公団等の民営化や郵政事業の民営化が進められ、「平成の市町村合併」も進められた。

その一方には、公務員制度改革のように、中途で頓挫し先送りにされている改革もあるものの、憲法に準ずる基本法制の多くに戦後改革以来の大改正が加えられたのであった。したがって、この『行政学叢書』の刊行が予定どおりに十余年前に始められていたとすれば、各巻の記述は刊行後すぐに時代遅れのものになってしまっていた可能性が高いのである。

このたび、往年の企画を蘇生させ、決意も新たにこの『行政学叢書』の刊行を開始するにあたって、これを構成する各巻の執筆者には、この十余年の日本の政治・行政構造の著しい変化を十分に踏まえ、その上で日本の行政または行政学の前途を展望した内容の書籍にしていただくことを強く要望している次第である。

この『行政学叢書』は、巻数も限られているため、行政学の対象分野を漏れなく包括したものにはなり得ない。むしろ戦略的なテーマに焦点を絞って行政学のフロンティアを開拓することを目的にしている。一口に行政学のフロンティアの開拓と言っても、これには研究の領域または対象を拡大しようとするものもあれば、新しい研究の方法または視角を導入しようとするものもあり得る。また特定の主題についてより深く探求し、これまでの定説を覆すような新しい知見を提示しようとするものも含まれ得る。そのいずれであれ、ひとりひとりの研究者の目下の最大の学問的な関心事について「新しいモノグラフ」を一冊の単行本にまとめ、これらを連続して世に問うことによって、日本の行政学の新たな跳躍の踏み台を提供することを企図している。そしてまた、この学問的な営みがこの国の政治・行政構造の現状認識と改革提言の進歩発展にいささかでも貢献できれば、この上ない幸せである。

二〇〇六年三月

編者　西尾　勝

国際援助行政　目次

主要略語一覧

BAPEDA	Baden Perencanaan Pembangunan Daerah: Regional Development Planning Agency　地方開発企画庁（インドネシア）
BAPENAS	Baden Perencanaan Pembangunan Nasional: National Development Planning Agency　国家開発企画庁（インドネシア）
BIS	Bank for International Settlements　国際決済銀行
CEEC	Committee for European Economic Cooperation　欧州経済協力委員会
DAC	Development Assistance Committee　開発援助委員会
DBCC	Development Budget Coordination Committee　開発予算調整委員会（フィリピン）
DFID	Department for International Development　国際開発省（イギリス）
DTEC	Department of Technical and Economic Cooperation　首相府技術協力部（タイ）
EPTA	Expanded Programme for Technical Assistance　拡大技術援助計画
EPU	European Payment Union　欧州決済同盟
FAO	Food and Agriculture Organization of the United Nations　国連食糧農業機関
FDI	Foreign Direct Investment　海外直接投資
GEF	Global Environmental Facility　地球環境ファシリティー
GTZ	Gesellschaft fur Technische Zusammenarbeit　技術協力公社（ドイツ）
IBRD	International Bank for Reconstruction and Development　国際復興開発銀行
ICC	Investment Coordinating Committee　投資調整委員会（フィリピン）

IDA	International Development Association　国際開発協会
IFC	International Financial Corporation　国際金融公社
KFW	Kreditanstalt fuer Wiederaufbau　復興金融公庫（ドイツ）
MDGs	Millennium Development Goals　ミレニアム開発目標
NDPC	National Debt Policy Committee　対外債務政策委員会（タイ）
NESDB	National Economic and Social Development Board 国家経済社会開発委員会（タイ）
NEDA	National Economic Development Authority　国家経済開発庁（フィリピン）
OECD	Organization for Economic Cooperation and Development　経済協力開発機構
OEEC	Organization for European Economic Cooperation　欧州経済協力機構
PCUP	Presidential Commission for the Urban Poor　都市貧困のための大統領委員会（フィリピン）
PDMO	Public Debt Management Office　公的債務管理局（タイ財務省）
PIU	Project Implementation Unit　プロジェクト実施ユニット
SUNFED	Special United Nations Fund for Economic Development　国連経済開発特別基金
STAP	Scientific and Technical Advisory Panel　科学技術諮問パネル
TICA	Thai International Development Cooperation Agency タイ国際開発協力機構
UNDP	United Nations Development Programme　国連開発計画
UNICEF	国連児童基金
USAID	United States Agency for International Development アメリカ国際開発庁
WFP	World Food Programme　世界食糧計画
WHO	World Health Organization　世界保健機構

はじめに——本書の視座

本書は、行政学の観点から、国際援助の仕組みと運用を分析することを目的とする。従来、開発研究では個別の国際援助プロジェクト・プログラムの構造や運用、あるいはその背景にある理念について分析されてきた。また、経済学においては、国際援助のマクロレベルでのインパクトについて議論されてきた。しかし、国際行政における主要な資源あるいは政策手段としての援助の全体像が議論されることは少なかった。

一般に行政活動においては、法的権限、資金、人的資源、情報が主要な資源となり、具体的な政策を実施していくに際しては、これらは主要な政策手段の構成要素ともなる。国際行政においても、条約や勧告等の国際的ルール、政府開発援助（ODA：Official Development Assistance）等の資金、国際機関や各国が提供する人的資源、各種統計や政策モデル等の情報・知識は、主要な資源となっている。(1)

本書では、このような国際行政における資源のうち、主として資金によって構成される国際援助を対象とする。なお、ここで検討対象とする国際援助の範囲については、以下のように切り取ることとする。

第一に、一定の譲許性（援助条件の緩かさ）を有するＯＤＡを中心的な対象とするが、それ以外に、より譲許性の低いＯＯＦ（Other Official Flows：ＯＤＡ以外の公的資金）や一定の公的支援を伴う民間の資金移転も対象とする。一九九〇年代以降、国際的資金移転において民間市場を通した金融や、移民等による海外送金等の役割の増大が指摘されており、それらと国際援助との関係についても触れる必要がある。つまり、本書では幅広く国際援助をとらえている。そして対象は、「開発」援助に限定されない。ただし、軍事援助・安全保障援助・平和維持活動経費分担については、ここでは対象から除いている。

第二に、国際援助においては、資金の移転が主たる要素となるが、同時に技術協力の担い手としての専門家という人的資源や様々な政策モデル等に関する情報・知識が移転されることがある。従って、国際援助行政において対象とされる行政資源は、資金に必ずしも限定されることはなく、人的資源や情報等も含まれることとなる。また、国際経済の規模に比べた場合、国際援助の規模は圧倒的に小さい。従って、国際援助を有効に活用するためには、人的資源、情報等との効果的連携が不可欠となる。本書の分析では、以上のような理由で、人的資源や情報・知識という資源の移転に関わる課題も対象とする。

第三に、様々な援助主体（donors）によって提供される援助の全体を対象とする。各国によって提供される二国間援助、国際機関によって提供される多国間援助等が存在する。また、多国間援助の中にも、多くのセクターに関わる一般目的の援助と、感染症対策や地球環境対策といった特定目的のための援助が存在する。

以上のような国際援助活動を対象として、本書においては、以下の四つの点に焦点を当てて、分析を行う。

第一に、国際援助行政のシステムとしての性格と課題を明らかにする。国際援助は、前述のように様々な主体によって実施されてきた。歴史的には、主体により、その方式も目的も異なるものであった。しかし、国際援助全体のあり方が、一九六〇年代以降、経済協力開発機構（OECD: Organization for Economic Development and Cooperation）の開発援助委員会（DAC: Development Assistance Committee）等において議論される中で、国際援助全体としての性格が認識され、議論されてきた。I章では、このような国際援助行政の歴史的展開とその構造的特質について検討する。歴史的には、当初は民間ベースの資金移転の役割が大きかったが、第二次世界大戦後、政府間の資金移転の役割が増大する。しかし、その後、再度、民間の役割が増大しつつある。また、国際援助行政のマネジメントにおいても、手続きによる管理ではなく目的による管理に重点を置くＮＰＭ（New Public Management）的な考え方が活用されつつある。ここでは、多様な主体によって実施されざるを得ないが故に、関係組織間の連携マネジメントが課題とならざるを得ない国際援助行政の性格についても、具体的に明らかにしたい。

ただ、そもそも、密接な連携、調和化（harmonization）が必要なのか、各援助主体の独自性がより発揮されるべきなのか、については様々な考え方があり得る。近年、欧州を中心に援助主体間の調和化が主張され、実施される反面で、米国等においては、援助主体の独自の判断を強調する動きも見られる。また、DACメンバーではない、中国等のいわゆる新興援助主体（emerging donors）の援助方針や実行も独自性が強い。このような状況の中で、どのようなスタンスを取るのかというのは、日本を含む各援助主体にとっても重要な課題である。

第二に、国際援助と国内財政とのインターフェースについて分析を行う。国際援助は国際行政における財政という側面を持つ。国際行政の実施において国内行政との関係が重要であるように、国際援助の実施においては特に受入国の国内財政との関係が重要になる。例えば、援助主体ごとの国際援助の意思決定サイクルと、受入国財政の意思決定サイクルとを調整するだけでも大変である。また、実際に、個々のプロジェクト等において、国際援助による資金と国内財政による資金が各々一定の部分を分担することがあり、その場合は、国際援助に関する意思決定と国内財政に関する意思決定をプロジェクト等のレベルで整合化する必要がある。さらに、援助主体の観点からいえば、本来国内財政案件としても採用されるはずであったプロジェクトを、単に国際援助という資金源によって代替するだけであれば、国際援助提供のインセンティブを持たないことになる。あるいは、国際援助を提供することによって、受入国に生じた余剰財源が適切ではない目的（例えば軍事支出）に用いられることは、援助主体の観点からは望ましくない。

Ⅱ章では、このような課題を随伴する国際援助と国内財政のインターフェースのあり方について、具体的な各国の事例に即して分析する。さらに、受入国の国内財政のあり方は、汚職のあり方とも密接に関係しているため、近年議論される受入国ガバナンスの観点からも重要な論点となっており、国際援助の条件として様々な要求が行われることも多い。ただ、国内財政制度を一朝一夕に変革することはなかなか困難である。

第三に、国際援助の実効性を規定する要因について分析を行う。国際援助と国内財政のインターフェースのあり方も、このような実効性を規定する要因であるが、Ⅲ章では、現場における多様な要因に焦点を当てる。その際、国際援助における非資金的要素、すなわち、国際援助に付随するルール、情報（知識、技術等）、人的資源（専門家等）が、受入国内でどのような影響を及ぼすかというのも重要な視点となる。そして、受入国内の多様な主体のインセンティブと能力は、国際援助プロジェクト・プログラムの実効性を規定する。

例えば、国際援助の現場における実施では、受入国の国政府だけではなく、地方政府、NGO（非政府組織）、企業等が重要な主体となる。また、受入国政府は必ずしも一体ではなく、その内部では省庁により異なったインセンティブを持つ。さらに、国際援助においては、援助主体の国内企業がしばしば実施主体であり、これらのインセンティブも重要な要因になる。

第四に、国際援助行政におけるアカウンタビリティー確保のメカニズムについて分析する。国際援助において不確実性は不可避であり、事後的に評価を行うことで意図せざる結果も含めて確認する必要がある。また、国際援助行政では、日常的な行政運営や変化のマネジメントにおいて、援助国におけるアカウンタビリティー、受入国におけるアカウンタビリティーという、二重のアカウンタビリティーが求められる。このような性格を持つ国際援助行政において、アカウンタビリティー確保のメカニズムの重要性は高い。また、評価等のアカウンタビリティー確保のメカニズムは、一定の結果をフィードバックすることにより変化を促すメカニズムともなっている。

Ⅳ章では、このようなアカウンタビリティーを確保する上での手段として、評価制度や、その結果のフィードバックを活用する、変化を促すメカニズムに注目する。Ⅱ章やⅢ章が主として受入国内におけるメカニズムを対象としているのに対して、ここでは、援助主体の内部におけるメカニズムに焦点を当てる。また、近年は、受入国からの異議申立を援助主体が受け付けるという制度が導入されつつある。従来、受入国に対するアカウンタビリティーの確保は、援助主体と受入国政府との政府間協議の回路に依存しており、受入国内の異議申立者との直接の回路はあまりなかった。このような回路が制度化されたことは注目に値するのであり、アカウンタビリティー確保の制度の一環として分析の対象としたい。

ところで、国際行政は行政現象一般の中では、非階統制行政の一形態であるという側面を持つ(2)。従って、国際援助行政は、国内の非階統制行政における、資金その他の資源を活用する財政とも比較可能である。例えば、国際援助行政の考察は、異なった予算サイクルを調整する必要のある政府間財政や自発的拠出に依存せざるをえない非政府組織の財政の考察にも示唆するところがあろう。

I章 国際援助行政の構造

1 はじめに

国際援助活動の歴史的起源・原型は、様々な主体によって様々な方式の下で実施されてきた活動にみることができる。戦間期までの国際金融行政における一定の制度的支援枠組、国際連盟の下での経済社会分野等における技術協力活動、第二次世界大戦後のアメリカによるヨーロッパの復興のためのマーシャルプラン、植民地行政の中に埋め込まれた開発行政等はその例に当たる。

一九六〇年代には、国際援助全体のあり方がOECDのDAC等において議論される中で、国際援助全体のシステムとしての性格が認識され、議論されてきた。その中では、全体の規模、組織間関係・調整（多国間援助機関と二国間援助機関の関係、セクター別援助機関と包括的援助機関の関係、援助機関と受入国の関係）等が論じられた。

また、第二次世界大戦後、政府間レベルでの資金移転の役割が増大したが、一九八〇年代以降、再度、資金移転における民間の役割が増大しつつある。この点では、二〇世紀前半の国際援助行政の原型に遡って検討することの意義は大きいといえる。また、国際援助行政のマネジメントにおいても、目的による管理に重点を置くNPM的な考え方が活用されつつある。

以下では、まず、国際援助の起源・原型を検討し、続いて、国際援助活動の展開、その組織的構造、再市場化の動向、それらを踏まえた新たな試み等について検討したい。その上で、多様な援助主体によって実施されざるを得ないが故に運用上重要になる、援助主体間調整やその運用をめぐる課題について、具体的に分析したい。

2 国際援助行政の歴史的起源・原型

初期国際金融行政

国際援助行政の第一の歴史的起源は、一九世紀から戦間期に至る初期国際金融行政における制度的支援の枠組である。

一九世紀半ば以降、国際投資と国際貿易の拡大は、国際金融に関する国際的行政の必要を生み出した(1)。国際投資に関しては、債務者のデフォルト(債務不履行)をいかに回避するのか、デフォルトが起こった場合どのように対処するのかが支援枠組として重要になる。国際投資の場合、国内の場合と比べて債権の強制的回収が難しい。そのため、デフォルトに陥った場合に、今後の融資可能性等を梃子として、債権の回収を図る必要があった。また、債務者側が一部債権者にのみ返済してその一部債権者から追加投資を受けることを防止するため、債権者間での協力が重要になる。一八七〇年から一九一四年にかけては、国際投資がきわめて活発に行われていた。このような国際投資の急増に伴い、国際的債権管理の枠組が必要とされた。

当時、債権国の政府が直接債権回収に直接乗り出してくるということはなかった。そのため、金融機関等の債権者自身が、自ら組織化を行い、国際的債権管理を行うことが必要になった。イギリスでは、投資家の自発的組織として、一八六八年に外国債券投資家協会（Corporation of Foreign Bond-holders）が設立された。[2] これは、投資家が協力して債務者に対応することを目的とする組織であり、メンバーのある投資家の債権に関して債務者がデフォルトに陥った際には、当該債務者に対して外国債券投資家協会の全てのメンバーが更なる投資・融資を停止した。そして、外国債券投資家協会等が債務者と交渉し、債務のリスケジューリング（繰延）等に関して合意した後に、メンバーは投資を再開した。このように、現在はＩＭＦ（International Monetary Fund：国際通貨基金）やパリクラブ等の政府レベルの機関が行う債務者との交渉の機能を、当時は非政府組織である外国債券投資家協会が担っていたわけである。

また、当時の国際通貨体制であった金本位制においては、自動調節過程が想定されていた。つまり、例えば国際収支が赤字になれば外国からの請求により金が流出するので、それにより国内の通貨供給量が減り、金利が上がるので、デフレになり輸入が減り収支が回復するというわけである。しかし、実際には、金本位制の運営には、各国間の非公式ではあるが意識的な協力過程が必要とされた。各国の金準備は限られていたので、特に危機への対応の際に各国が相互に協力した(3)。例えば、一八九〇年のベアリング事件による危機の際には、フランス中央銀行がイングランド銀行に金を貸し出すという英仏間協力が行われた。この事件では、ベアリング社がイギリスの金融機関から資金を借りてアルゼンチンの中央・地方政府の債権を買っていたのだが、アルゼンチンの革命の知らせがロンドンに届き、これらの債権の回収が危ぶまれたため、ベアリング社が借りていたイギリスの金融機関自体の信用が揺らぐことになった。その結果、イングランド銀行にも国内外から金兌換要求が相次ぎ、イングランド銀行は金利の引き上げ等も図ったが金流出に歯止めはかからなかった。しかし、結局、イングランド銀行がフランス銀行から二〇〇万ポンドの金を借りることによって、ポンドの信頼が回復し金流出が止まったといわれている。これらの例にみられるように、金本位制を安定的に運営するための英仏間等の非公式な中央銀行間協力が一九世紀末から二〇世紀初頭には成立していた。

以上のように、二〇世紀初頭までの国際金融行政は、非政府レベルの枠組によって担われていたが、戦間期には、政府間組織である国際連盟も関与するようになる。国際連盟は、経済財政部門を統括するソルターの下、一九二二年八月以降、オーストリアの財政危機・インフレへの対応を行った。国際連盟が中心となり、紙幣印刷即時禁止、財政支出の劇的コントロール、融資への政府保証という条件を課す代わりに、民間金融機関がオーストリアへの融資を行った。このような枠組には、ノーマン英国中央銀行総裁も関心を持ち協力し、結果として迅速かつ劇的に成功したといわれる。その後、ハンガリーにおける同様の案件においても、国際連盟が主導して条件を設定した。さらに、ハンガリーに関しては、オーストリアの成功ゆえに政府保証なしで融資を確保することができた。両国とも一九二六年には管理が終了した。[4] このように、戦間期においては、資金自体は民間金融機関によって提供されたが、政府間国際組織が融資の条件設定に関与するという枠組が構築された。

戦間期における最大の国際金融問題はドイツ賠償問題であった。一九二一年に政府間の賠償委員会はドイツの支払うべき総額として三三〇億ドルを決定したが、この額が巨大であったためドイツではインフレが起こり、賠償問題の再検討が不可避となった。その結果、一九二四年にドーズ案が作成された。これは、ドイツによる毎年の賠償支払額を減らし、また、ドイツによる資金調達手段として債権の発行を可能にするものであった。外国資金が債権等を通してドイツに流入してくる限りはこの枠組は機能した。しかし、一九二八年には、ドイツへの国際的資金流入が減少し始める。その背景には、アメリカにおける高金利と株式市場の活況による資金のアメリカへの流入、ドイツの返済能力に疑いがもたれたという事情があった。また、ドイツにとっても、賠償委員会による直接の監視は政治的に耐え難くなりつつあった。そこで、ヤングを議長として専門家委員会が設立され、一九二九年二月から五月にかけてパリで会議が開催されヤング案が作成された。ヤング案においては、賠償支払いのスケジュール決定や賠償の取り立てを行う機関として非政治的なＢＩＳ（The Bank for International Settlements：国際決済銀行）という制度を用いることで、ドイツの支払いに関するコミットメントを確保することが図られた。[5]

ＢＩＳは各国中央銀行間の組織である。参加国はベルギー、イギリス、フランス、ドイツ、イタリアであり、その他にアメリカと日本が民間銀行のコンソーシアムを通して間接的に参加した。アメリカはドイツへの主要な資金供給主体であり、ヤング案交渉においても大きな役割を担ったが、アメリカ議会が連邦準備銀行の参加を許さなかったため、間接的な参加となった。ＢＩＳには、まず、賠償支払い促進機能が期待されていた。これはドイツが政治的に耐え難くなっていた賠償委員会の機能を中央銀行間組織という準政府レベルの政治的に可視性の低い組織で代替するものであった。他方、ＢＩＳは賠償債権者がドイツに対して共同行動をとる場でもあったので、ＢＩＳの成立によってドイツにとって賠償債務不履行のコストが上がるはずであった。

以上のように、初期国際金融行政においては、外国債券投資家協会のような非政府組織や、英仏中央銀行間協力やＢＩＳのような準政府レベルの制度・組織が形成され、条件設定や国際的な資金提供の媒介を行っていた。また、国際連盟や賠償委員会といった政府間組織も条件設定等で一定の役割を担っていた。ただし、政府間組織は資金を直接管理するものではなかった。非政府レベル・準政府レベルを主とする点で、第二次世界大戦後のＩＭＦ等によるブレトンウッズ体制と異なっていたといえる。

国際連盟による技術協力

国際援助行政の第二の歴史的起源は、戦間期の国際連盟による社会経済分野等における技術協力活動である。ここでは、特に情報・知識の提供を伴う国際技術協力を中心とする国際援助活動が試みられた。

第一次世界大戦後に設立された国際連盟は、連盟規約第二三条において、社会、経済厚生の促進をその目的として掲げていた。そして、国際連盟は自らのもとに多くの専門組織を設立した。そのような専門組織としては、財政・経済機関、通信・通過機関、衛生機関、知的協力に関する委員会があった。一九三〇年代においては、国際連盟の社会経済分野における活動は、安全保障分野における活動の停滞と比較して、きわめて活発なものとなっていた。そして、予算規模においても、これらの社会経済分野における活動経費は、総予算の八〇%を占めていたといわれる(6)。

このような状況において、一九三九年五月、国際連盟の理事会において、「技術的問題(technical problem)」を扱う国際連盟の機関の発展に関して検討する委員会を設立し、その委員会の報告を次の総会に提出するという提案が、事務総長によってなされた。そして、理事会は事務総長の提案を認めて、ブルースを議長とする委員会が組織された。

そのブルース委員会の最初の会合では、「技術的問題」という概念が問題とされた。当時、国際連盟においては、「政治的問題(political problem)」と、「技術的問題」という区分が利用されていた。しかし、この「技術的問題」も、各国内においては国内対立をもたらす政治的問題となるため、「技術的問題」と「政治的問題」の対比自体の妥当性が問われることとなった。そのため、ブルース委員会が扱う課題の名称としては、「技術的問題」という概念は避け、「経済社会問題(economic and social question)」という概念が採用されることになった[7]。ブルース委員会は、最終的に、「経済社会問題における国際協力の発展（The Development of International Cooperation in Economic and Social Affairs)」という報告を一九三九年八月にまとめ、総会に提出した。

ここでは、ブルース報告の記述に即して、国際連盟における経済社会部門における技術協力活動の性格を概観しておきたい[8]。国際連盟の初期における活動の中心は、国際立法、すなわち、多国間条約による義務の設定であった。このような活動の第一の例は、阿片禁止事業である。一九二五年に第二次阿片条約が締結され、一九三一年にはさらに、阿片の製造を制限する条約が締結された。その結果、世界大での、監視と管理のシステムが構築されたといえる。第二の例は、通信・通過レジームの創設である。一九二〇年にはバルセロナ会議が開催され、港湾、河川等に関して、通信・通過の自由を確保するための諸条約が締結された。

ところが、条約による業務の設定によって対処されるような課題は減少し、課題の多くは、知識の伝播や、他者の経験の学習、相互援助によって対処されるべき性格の問題へと変わっていく。それに伴い、会議も、相互的義務の設定の場から、経験の交換の場へと、その利用形態が変質する。このような新たな活動の例として、伝染病情報に関する世界大のシステムの形成、中国における予防接種他の予防手段の広範な適用の試み、マラリア委員会の現地調査活動、経済不況への対応策に関する経験交換等があり、また、公衆衛生政策、租税政策、住宅政策、児童福祉政策等の分野においては、広くアイディアと経験のプールが行われた。従来の義務設定活動が条約という公示形式でまとめられることが多かったのに対して、新たな諸活動については、知識・経験の共有のために、勧告という公示形式がしばしばとられた。このような勧告は、天然資源の管理、為替管理、国際融資契約、農業信用、中期産業信用、船舶重量測定、国際航空運行、通商政策といった分野に関して策定された。

また、このような知識・経験の共有のための諸活動を組織化するに当たり、国際連盟は具体的には、次のような作業を行っていた。

①世界各地から事実を収集する。
②最も有能な専門家を参加、協力させる。
③同一分野における専門家間の会議を設定し、彼らの関心、あるいは、成功・失敗の経験について討議させる。
④専門家と政策責任者の間のリンクを提供する。
⑤政治家が会合し、政策を討議するための恒常的、自動的機会を設定する。
⑥各国の目的と政策の理解を増進するための手段を提供する。
⑦必要な場合は、国際条約締結のための機関を提供する。

また、新たなニーズとして認識された諸問題が相互に連結されているという点についても認識された。例えば、児童福祉の問題は、快適な住宅、十分な栄養といった諸問題と密接に関係しているし、これらはまた、経済状況、交通設備、課税方法といったものに大きく依存している。このような社会諸問題間の相互依存の増大は、すでに、当時の国際連盟事務局の再編に反映されているとする。なお、新たなニーズの対象とされた経済・社会諸問題間の相互依存の増大という認識は、ブルースによる経済社会問題のための中央委員会の提案の基礎となり、この構想は国際連合における経済社会理事会へと引き継がれることとなった。

マーシャルプラン

国際援助行政の第三の歴史的起源は、第二次世界大戦後にアメリカがヨーロッパの復興のために提供したマーシャルプランである。ここでは、援助主体の組織化や援助受入国相互の協力体制に関して、実験が行われた。

マーシャルプラン援助は、断片的援助ではなく総合的長期計画という性格を持っていた。これは、一九四七年、トルーマン特別教書「欧州復興計画の概要」において提示され、一九四八年四月から一九五二年六月までで、一七〇億ドルの提供が予定された。この規模は、当時のアメリカのGNPの三%、第二次大戦の戦費の五%に相当し、現在の援助に比べても相対的に大きな規模のものであった。そして、実際に、一九五一年六月までに一〇二・六億ドルが提供され、うち八九%は贈与であった[9]。

組織的には、アメリカ側では、大統領に直属の組織として、ECA（Economic Cooperation Administration）が設置された。その制度は、軍事組織の命令系統を応用したものといわれ、ヨーロッパ特別代表の裁量権は大きかった。[10] 現地代表の裁量権が大きいという特色は、現在のUSAID（United States Agency for International Development：アメリカ国際開発庁）のミッション・システムにおいても基本的に維持されている。

ヨーロッパ側では、援助受入国間の組織として、CEEC（Committee for European Economic Cooperation：欧州経済協力委員会）が設立され、後にOEEC（Organization for European Economic Cooperation：欧州経済協力機構）と再編された。[11] これらは、様々なセクターを横断する組織であった。CEECには、執行委員会の下、食糧、農業、鉄鋼、輸送、燃料・動力、木材、労働力に関する技術専門委員会が存在した。OEECには、全加盟国で構成される理事会の下、七ヵ国によって構成される執行委員会が設置され、さらに個別の委員会等も置かれた。この、CEEC及びOEECにおける作業方法は「超国家的（supranational）」ではないが故に、実効的であったといわれている。各参加者は、国内的に敬意を払われる地位におり、他国の特別の利益や問題も十分把握しているため、組織として各国の政策に対する影響力を持っていたというわけである。[12]

マーシャルプランでは、アメリカがヨーロッパを扶養することは不可能であり、エンジンに点火するに過ぎないとの認識から、ヨーロッパの自主的努力の尊重がうたわれた。そして、自主的努力の一環として、援助を受け入れるヨーロッパ各国間での共同計画の策定が行われた。共同計画の策定においては、単なる援助案件の「ショッピング・リスト」ではなく、各国間の政策調整が求められた。[13] 具体的には、各国の通商財政政策が同時に共同で検討された。この共同検討は、一九四八年のミクロの投資調整についてはうまくいかなかったが、朝鮮戦争後の英仏の貿易数量規制の撤回に見られるような貿易自由化や後のＥＰＵ（European Payment Union：欧州決済同盟）につながる決済自由化に関しては効果があったとされる(14)。

援助配分も被援助国が関与する形で行われた。当初、一定の方式に基づく援助配分が試みられたが、前提としての資源状況の調査にソ連が反対したことなどもあり基礎情報収集自体なかなか困難であった。また、ドル不足額算定を巡る対立も生じた(15)。最終的には、一九四八年末の第一回配分は、イギリス、フランス、イタリア、オランダの代表によって構成される四人委員会（Committee of Four）により行われた。配分に際して、援助配分のための一定のガイドラインを策定し、ヨーロッパ内貿易の促進によるドル不足の緩和にも配慮した。一九四九年の第二回配分は、イギリスのポンド危機により追加的な援助を求めたこともあり困難をきわめ、最終的には議長であったベルギーのスノイとＯＥＥＣ事務総長であったマルジョランにより決定された。そして、以後も、同じ比率が維持された(16)。

また、マーシャルプランの一環として、民間の組織も巻き込む形で、生産性向上運動がヨーロッパにおいて展開された。一九四八年には英米生産性協議会（Anglo-American Council on Productivity）が組織され、一九五三年にはＥＰＡ（European Productivity Agency）も設立された(17)。

以上のようなマーシャルプランは、先進国向けの復興援助であり、被援助国間の政策調整を重視したという点においては後の発展途上国向けの開発援助とは異なっている。しかし、援助は自助の手助けであるという原則を示した点、現地ミッションに裁量を付与する援助主体側の組織を構築した点、制度建設や民間も巻き込んだ人的資源開発（生産性向上運動）へも関心を示した点で、後の国際援助行政に対して一定の貢献を行ったと評価することができる。

植民地行政の遺産

国際援助行政の第四の歴史的起源は、植民地行政の中に埋め込まれた開発行政である。第二次世界大戦後、第三世界において植民地統治下の諸地域の独立が進み、国家の数は急増した。しかし、このような独立は、「事実」の変化によるものではなく、「規範」の変化によるものであったとされる[18]。つまり、第三世界諸国の独立は、行動や抑止する能力に基礎付けられた「積極主権（positive sovereignty）」に基づくものではなく、不干渉の権利あるいは外部の干渉からの自由に基礎付けられた「消極主権（negative sovereignty）」に基づくものであった[19]。そのため、新興独立諸国は、形式的には独立しているものの、実質的にはそのような能力を欠いていた。

このような国家をジャクソンは、「準国家（quasi-state）」と呼んでいる。準国家においては、しばしば、政治的意思、制度的権威、人権保護・社会経済的福祉提供のための組織化された権力が不十分であり、便益の提供も限られたエリートに対象が限定されるという[20]。

植民地統治下において、低開発は国内問題であった。しかし、脱植民地化の結果、低開発の問題は国際化された。そして、国際的に独立した準国家が生存するためには、援助は不可欠な要素となった。援助の規模は、先進国の予算においては小さな部分に過ぎないが、南北格差の存在故に、第三世界の一部の発展途上国にとっては大きな資金移転となった[21]。

歴史的にも、このような経緯は確認することができる。例えば、一九世紀において宗主国であるイギリスは、レッセフェールの名の下、植民地の開発には無関心であった。しかし、一九世紀末以降、チェンバレンの下、植民省の政策は転換し、植民地における開発問題により積極的に関わっていく[22]。一八九八年には西インド諸島への援助を提案し、一八九九年には植民地借款法（Colonial Loans Act）が提案される。ただし、第一次世界大戦までは借款の保証と優遇利率での借入の支援が開発支援の内容であった。しかし、第一次世界大戦後は、ロンドン熱帯医学校（London School of Tropical Medicine）の設立支援等より積極的になり[23]、一九二九年には植民地開発福祉法（Colonial Development and Welfare Act 1929）が制定された。

このような法律が制定された背後には、植民地への輸出促進によるイギリスの失業問題への対応という隠れた目的があったが、この枠組の下で植民地への国内的援助のコミットメントが増大することとなる[24]。そして、開発計画策定における宗主国政府の役割はいかにあるべきか、いかにしてどの時点で現地の人々が協議の対象となるべきか、いかにして現地のイニシアティブと熱意が維持されるべきか、いかにして宗主国政府は植民地の開発支出をコントロールすべきか、いかにして帝国基金（imperial fund）が植民地政府に配分されるべきか、といった議論が行われることになる[25]。このような議論は、基本的には後の国際的な開発援助の配分に関する議論と同型であったといえる。

しかし、戦間期においては、コミットされた額と実際に執行された額にギャップがあった。承認された額が、実際には使われていなかったのである。この理由としては、計画及び監督に携わる機構や職員が不十分であったという事情がある。[26]一九四〇年には植民地開発福祉法が改訂され（Colonial Development and Welfare Act 1940）、機構の整備が提言されるが、それが実現されたのは一九四八年以降であった。[27]ただ、植民地期において、既に開発計画のメカニズムと機構が運用され、現実的課題として訓練された人材の不足等が議論されていたことは確認することができる。[28]

このように、国際援助には、植民地内部の国内問題として一九世紀末以降表面化していた低開発の問題が、脱植民地化により国際化されたが故に生じた現象であるという側面があった。その後の実践においても、植民地行政と国際援助行政の連続性は、いくつかの側面において確認される。第一に、いくつかの旧植民地宗主国では、植民地行政の運営部局が開発行政の運営部局へと転換された。[29]第二に、多くの植民地行政官が、第二次世界大戦後、開発マネジメント研究・教育機関で雇用された。[30]第三に、開発マネジメントにおける「参加（participation）」といった概念や手法の議論に関しても、植民地行政と開発援助行政の間で連続性が観察される。[31]

3 国際援助行政の展開

第二次世界大戦後の国際援助動向——多元的構造

第二次世界大戦の後、ＩＭＦ・世界銀行によるブレトンウッズの諸機関の成立、国際連合設立とそれを基礎とした開発関係の国連諸機関の設置、発展途上国の開発を対象としたアメリカの一九五〇年

（単位：百万ドル）

1997	2000	2001	2002	2003	2004
57, 716. 90	60, 095. 70	62, 233. 30	72, 312. 50	85, 552. 30	95, 821. 90
39, 575. 60	42, 084. 50	41, 121. 20	47, 753. 90	60, 122. 70	66, 642. 30
16, 873. 70	16, 775. 60	19, 564. 50	21, 355. 40	21, 768. 50	25, 823. 40
1, 267. 70	1, 235. 60	1, 547. 70	3, 203. 20	3, 661. 10	3, 356. 20

Countries), 2006 (Database) より．

代の「ポイント・フォー・プログラム」の開始、旧植民地宗主国による植民地独立後の二国間援助等を通して、国際援助の多様な試みが開始された。また、「相互安全保障（mutual security）」の名の下に、共産主義ブロックの周辺地域に対する、大規模な経済安定のための支援も行われた。例えば、これは、ギリシャ、トルコ、韓国、台湾、南ベトナム、ラオスに対して供与された。

これらの様々な国際援助活動は、一九五〇年代には「システム」を形成しておらず、各活動の相互作用に対して国際的に無関心であった。ところが、一九六〇年代には、後述のように、これらの諸活動が「開発援助」として、一つのシステムを構成するものとみられるようになる。ただし、「システム」といっても、援助供与主体の多元性や各々の志向性の違いは残った。

以下では、前提として、数値的に国際援助行政の規模と多元性を確認しておきたい。［表I-1］は、ODA(32)の総額、及びDACメンバーである援助主体、多国間援助機関、その他の援助主体の内訳について、一九六〇年から二〇〇四年までの数値を整理したものである。この表から、いくつかの基本的動向を指摘することができる。

表Ⅰ-1　ODA 総額（グロス）

	1960	1970	1980	1990	1995
総額	4,101.30	7,367.10	36,681.20	65,678.50	69,749.60
二国間（DAC 諸国）	3,910.00	5,890.20	19,535.30	44,783.50	47,888.80
多国間	191.3	1,087.30	8,003.00	14,533.20	20,578.00
その他	—	389.7	9,142.80	6,361.80	1,282.90

出典）OECD DAC, Geographical Distribution of Financial Flows—Part I（Developing

第一に、ODA総額に関しては、一九六〇年に約四一億ドルであったものが、一九七〇年には約七四億ドルとなり、一九八〇年には約三六七億ドル、一九九〇年には約六五七億ドルとなった。量的には、一九七〇年代に急増し、一九八〇年代にも着実に増加したといえる。その後、一九九〇年代は停滞する。一九九五年は約六九七億ドルであり、一九九七年には約五七七億ドルに減少し、二〇〇〇年は約六〇一億ドルであった。しかし、二一世紀に入ると、テロの温床である貧困へ対処するという政策的動機もあり、再度ODAは増大し始めた。二〇〇二年は約七二三億ドル、二〇〇三年は約八五五億ドル、二〇〇四年は約九五八億ドルであった。

第二に、多国間援助の量とそのODA全体における相対的比率に関していえば、一九六〇年に約二億ドル（ODA総額約四一億ドルの約五％）であったものが、一九七〇年には約一一億ドル（ODA総額約七四億ドルの約一五％）となり、一九八〇年には約八〇億ドル（ODA総額約三六七億ドルの約二二％）、一九九〇年には約一四五億ドル（ODA総額約六五七億ドルの約二二％）となった。比率的には、一九六〇年代から一九七〇年代に急増し、一九八〇年代以降はほぼ一定であったといえる。その後、一九九〇年代は若干増加することになる。一九九五年は約二〇六億ドル（O

DA総額約六九七億ドルの約三〇％）であり、二〇〇〇年は約一六八億ドル（ODA総額約六〇一億ドルの約二八％）、二〇〇二年は約二一四億ドル（ODA総額約七二三億ドルの三〇％）、二〇〇四年は約二五八億ドル（ODA総額約九五八億ドルの約二七％）であった。

なお、多国間援助の中での、国連システムによる援助と世界銀行グループによる援助の相対的役割も変化してきた。国連システムによる援助とは、国際連合本体によるごく僅かな援助の他、国連によって設立されたUNDP（United Nations Development Programme：国連開発計画）、UNICEF（国連児童基金）、WFP（World Food Programme：世界食糧計画）等の援助、さらに、国連とは独立に設立されたが国連の専門機関としての位置付けを保有することとなったFAO（Food and Agriculture Organization of the United Nations：国連食糧農業機関）、WHO（World Health Organization：世界保健機構）等による援助等を含む。UNDPを中心とする国連システムの援助は、例えば、一九七〇年の時点では、他のどの国際機関よりも多くのODAを扱っていた。しかし、一九七〇年代末に、世界銀行グループによるODAが国連システムによるODAを追い抜き、地域開発銀行によるODAも増大するようになった。

このようなODAの絶対量は、先進国内における財政調整等に伴う資金移転の規模を考えれば、絶対額としては大きなものではない。つまり、国際開発援助行政は、希少な資源を広範な対象（世界レベル）のために有効に用いなくてはならないという性格を持つ。そのために、各援助受入国にも、基本的には、自助が求められる。また、この点からいえば、例えば、貧困への対応を重視するBHN（Basic Human Needs）も、インフラではなく保健や教育といった低コストの援助に配分対象を限定するための論理であるという側面を持つ。しかし、このような絶対量であっても、発展途上国にとっては十分に大きな額となりうる。

［表I－2］は、いくつかの援助受入国別に、ODA、民間資金、GDP、政府支出の額を整理したものである。これらをみると、サブサハラアフリカ諸国、特に、ザンビアやウガンダにおいては、政府支出額に比してODA額の比率がしばしばきわめて高いことがわかる。他方、インドネシアでは、一九九〇年代に入るとODAへの依存比率が低下しており、中国やインドのような大国においては、ODAへの依存比率が低いことがわかる。つまり、サブサハラアフリカにみられるような準国家の生存維持には、国際援助は不可欠であるといえる。他方、このような国家の生存にとっての不可欠な資源移転を先進国にとって少額で維持できるというのは、世界における格差故であるともいえる。

以下では、多様な援助主体によって構成される国際援助全体をどのように認識するのか、援助主体がどのように分化しており、これらをどのように調整するのか、援助主体と受入国の関係をどうするのか、再市場化の動向はどのようになっているのか、といった点について、各種の報告書や制度化の試みも参照しつつ、検討したい。

ピアソン委員会報告――システム化の認識

多様な起源から生まれてきた国際援助活動は、一九六〇年代には、「開発援助」として一つのシス

ト）と政府の財政規模の推移（単位：百万ドル）

1995	1996	1997	1998	1999	2000	2001	2002
840	826	626	704	1,014	698	281	296
10,016	13,320	7,935	6,154	1,377	−1,149	−3,055	−1,992
167,896	181,689	150,891	111,860	122,338	122,720	115,544	126,905
16,620	18,500	15,199	12,372	14,063	13,904	13,110	14,156
1995	1996	1997	1998	1999	2000	2001	2002
902	898	687	616	689	575	572	550
2,372	5,784	3,969	3,422	7,507	2,905	3,280	2,150
74,120	82,847	82,343	65,172	76,157	75,913	72,043	77,954
8,441	9,899	10,856	8,667	9,958	9,931	8,723	9,471
1995	1996	1997	1998	1999	2000	2001	2002
1,304	1,075	810	1,266	2,125	1,658	1,501	1,308
8,142	14,883	5,570	−8,006	−10,589	−10,632	−7,033	−6,966
202,132	227,370	215,749	95,446	140,001	150,196	141,254	172,911
15,825	17,205	14,763	5,434	9,246	10,779	11,053	14,200
1995	1996	1997	1998	1999	2000	2001	2002
3,476	2,647	2,054	2,456	2,394	1,732	1,471	1,476
41,311	48,549	58,028	42,167	36,527	40,644	41,073	47,107
700,278	816,490	898,244	946,301	991,356	1,080,741	1,175,716	1,266,052
80,119	94,436	105,249	114,563	125,488	141,396	157,414	167,092
1995	1996	1997	1998	1999	2000	2001	2002
1,739	1,898	1,648	1,610	1,491	1,485	1,724	1,463
4,988	6,239	7,222	5,209	2,975	9,535	4,806	4,944
355,163	385,412	409,674	413,825	446,968	457,377	478,524	510,177
38,510	41,049	46,331	50,875	57,949	57,840	59,614	63,799
1995	1996	1997	1998	1999	2000	2001	2002
1,292	1,236	1,011	1,158	1,215	1,171	1,030	913
−35	−133	99	157	166	318	305	132
37,940	40,666	42,319	44,092	45,962	47,181	46,997	47,563
1,757	1,791	1,847	2,085	2,109	2,157	2,118	2,379

表 I -2　国別の ODA・民間資金移転（ネッ

タイ	1980	1985	1990	1991	1992	1993	1994
ODA	418	459	799	717	740	580	578
民間資金	1,464	1,127	4,371	4,991	4,737	7,110	4,606
GDP	32,354	38,901	85,345	98,234	111,453	125,009	144,527
政府支出	3,977	5,262	8,026	9,058	11,032	12,480	14,112
フィリピン	1980	1985	1990	1991	1992	1993	1994
ODA	299	459	1,271	1,050	1,710	1,480	1,054
民間資金	840	809	639	398	−1,102	1,822	2,461
GDP	32,500	30,746	44,331	45,417	52,977	54,368	64,085
政府支出	2,947	2,340	4,479	4,508	5,116	5,496	6,919
インドネシア	1980	1985	1990	1991	1992	1993	1994
ODA	946	599	1,722	1,830	1,975	1,920	1,550
民間資金	987	464	2,923	3,451	4,432	412	5,973
GDP	78,013	87,339	114,426	128,168	139,116	158,007	176,892
政府支出	8,211	10,265	10,120	10,657	12,183	14,257	14,353
中国	1980	1985	1990	1991	1992	1993	1994
ODA	66	940	2,038	1,938	2,999	3,207	3,146
民間資金		4,526	8,107	6,871	20,871	36,883	42,899
GDP	188,242	304,912	354,644	376,617	418,181	431,780	542,534
政府支出	27,458	40,272	43,059	49,303	54,824	56,097	69,456
インド	1980	1985	1990	1991	1992	1993	1994
ODA	2,192	1,592	1,406	2,743	2,430	1,458	2,324
民間資金	868	2,380	1,842	1,545	2,123	4,553	7,903
GDP	181,765	227,212	316,937	266,865	244,175	273,938	322,553
政府支出	18,323	25,937	36,800	30,353	27,393	31,157	34,600
バングラデッシュ	1980	1985	1990	1991	1992	1993	1994
ODA	1,281	1,131	2,095	1,881	1,821	1,372	1,752
民間資金	19	−5	59	38	−6	13	96
GDP	18,115	21,613	30,129	30,957	31,709	33,167	33,769
政府支出	1,112	1,559	1,265	1,281	1,411	1,643	1,649

1995	1996	1997	1998	1999	2000	2001	2002
734	597	448	415	310	512	463	393
−125	−174	−55	42	−34	54	−78	39
9,047	9,257	10,745	11,229	10,559	10,440	11,234	12,330
1,343	1,480	1,736	1,838	1,789	1,825	1,915	2,345
1995	1996	1997	1998	1999	2000	2001	2002
2,034	610	610	349	624	795	349	641
60	91	202	167	217	112	125	186
3,478	3,270	3,910	3,237	3,131	3,238	3,637	3,697
537	597	683	511	404	309	468	429
1995	1996	1997	1998	1999	2000	2001	2002
835	676	813	647	590	819	793	638
112	114	174	208	139	159	148	149
5,756	6,045	6,269	6,534	5,966	5,891	5,641	5,803
565	624	677	847	772	810	785	909
1995	1996	1997	1998	1999	2000	2001	2002
877	877	945	1,000	990	1,022	1,271	1,233
135	134	136	155	500	448	306	214
5,255	6,496	7,684	8,383	8,638	9,079	9,341	9,382
606	751	676	653	606	592	1,089	1,210

民間資金の項目に関しては，データ欠落のため，同 2005 年版より．
ィー，投資などの非債務を含む．
である．

テムを構成するものとみられるようになる。世界銀行総裁により設立された国際開発委員会の報告書（ピアソン委員会報告：一九六九年）は、このようなシステムとしての国際援助行政に対する認識を示すものであった。

　ピアソン委員会報告は以下のような現状認識を持っていた。第一に、援助資金総量は一九五〇年代後半には急速に拡大したが、一九六〇年代、特に後半には、援助資金総量は停滞していると考えた[33]。第二に、従来、二国間援助は、目先の政治的恩恵の供与、戦略的利益の獲得、貿易促進といったアドホックな目標のために行われるこ

ケニア	1980	1985	1990	1991	1992	1993	1994
ODA	397	430	1,186	921	886	910	678
民間資金	301	36	122	292	26	−38	−278
GDP	7,265	6,131	8,551	8,044	8,013	4,977	7,149
政府支出	1,439	1,071	1,601	1,367	1,289	833	1,083
ザンビア	1980	1985	1990	1991	1992	1993	1994
ODA	318	322	480	883	1,036	872	718
民間資金	175	56	194	27	32	275	16
GDP	3,884	2,252	3,288	3,377	3,183	3,274	3,347
政府支出	991	537	626	1,074	478	603	439
ウガンダ	1980	1985	1990	1991	1992	1993	1994
ODA	114	180	668	666	725	610	752
民間資金	44	2	16	−24	−5	40	73
GDP	1,245	3,519	4,304	3,322	2,858	3,220	3,990
政府支出		510	323	294	276	315	412
タンザニア	1980	1985	1990	1991	1992	1993	1994
ODA	679	484	1,173	1,080	1,339	950	966
民間資金	104	61	5	−8	−32	55	52
GDP			4,259	4,957	4,601	4,258	4,511
政府支出			757	939	904	825	772

出典） World Bank, World Development Indicators（2004年版）より．ただし，フィリピンの
注） 民間資金には，銀行貸出やボンドなどの民間債務及び，直接投資やポートフォリオ・イクイテ
注） 政府支出は，一般政府最終消費支出（general government final consumption expenditure）

とも多かったが、「今や一つの転換点にさしかかっている」と考えた。そして、開発協力は単なる資金移転以上のものであり、相互の理解と自尊心の上に打ち立てられなければならず、よき開発関係は援助供与側あるいは受入側の直接の政治的または経済的利害あるいは圧力によって支配されてはならない、援助が効果的であるためには確実性と連続性が必要である、と理解されつつあるとする(34)。

以上のような現状認識を前提として、援助の根拠、援助の量、援助の効率化に関する議論を行う。第一に、援助の根拠に関しては、世界的共同体に属しているという

認識に基づく道徳的義務、啓蒙された建設的私利といった要因が指摘される。そして、全てのギャップを埋め、あらゆる不平等を根絶することは不可能なので、不均衡を縮小し、不平等を取り除くことが援助の目的として設定される[35]。第二に、援助の総量に関しては、民間投資等を含めた途上国に対する資源の移転量についてGNP比一％を確保すべきであるという目標が支持された[36]。そして、ODAについては、一九七五年まで、あるいは一九八〇年より遅くならないなるべく早い年次においてGNPの〇・七％が達成されるべきであるという中期的目標を示した[37]。第三に、援助の効率化に関しては、まず、有効な援助に対する手続き上の障害を明らかにし、それを減少させる方策を検討し、援助供与国の規則を統一化し、かつ援助受入国の受入手続きを改善するように勧告された。また、援助配分が毎年の予算で決定されるため不確実な予想しかできないという問題点が指摘され、供与期間を最低三年間にまで延長し、かつ繰越を可能にするという勧告が行われた[38]。さらに、調達先が限定される紐付援助の削減、柔軟な利用の可能なプログラム援助の拡大、技術協力の総合的計画への組み込み等が主張された[39]。このような援助効率化の議論は、今日でも論じられている議論の原型ということができる。

ジャクソン報告――UNDPによるセクター横断的統合化の試み

国際援助行政において、セクター別の縦割り組織とセクター横断的な横割り組織の関係は一つの鍵である。国連システムの援助行政においては、この点に関する試行錯誤が試みられてきた。

国連システムでは、一九四八年の総会決議によって、各専門機関によって個別に行われていた技術援助プログラムに加えて、国際連合事務総長のもとでの技術援助が許可され、拡大技術援助計画（EPTA：Expanded Programme for Technical Assistance）が設立された。[40] ＥＰＴＡは、各国による自主的拠出金を一元的に管理し、技術援助プログラムのために配分し、各専門機関が実施機関（Executing Agency）として実際の技術援助業務を行うというものであった。ところが、このＥＰＴＡでは、各専門機関のセクター別利益が強く保護されていた。まず、ＥＰＴＡの決定機関であるＴＡＢ（Technical Assistance Board）は、すべての専門機関の代表と独立の議長によって構成されていたため、組織的に各専門機関の発言力はきわめて強いものであった。また、予算の大部分は、各専門機関の間で、固定比率に基づいて配分された（agency share system）。このように実質的配分の面でも、セクター別利益は安定的に保護されていた。ただし、一九五四年には、国別計画（country programme）の原型となる国別目標（country target）という制度が採択され、また、各国には常駐代表（Resident Representative）が設置され、その機能も拡大してきた。[41]

ＥＰＴＡの機能は、技術援助に限定されていた。そこで、世界銀行や二国間援助によっては充足されない資本の要求を満たすために、ＳＵＮＦＥＤ（Special United Nations Fund for Economic Development：国連経済開発特別基金）の設立が提案された。このＳＵＮＦＥＤの設立提案は、途上国には支持されたものの、先進国や世界銀行が反対したため採択されず、妥協として、特別基金（SF：Special Fund）が設立された。このＳＦの目的は、資本の提供ではなく、プレ・インベストメント（pre-investment）活動に限定された。[42] このＳＦの組織構造は、セクター間関係のレベルでは

ＥＰＴＡよりも集権化されたものであった。ＳＦの専務理事（Managing Director）はＴＡＢの議長（Executive Chairman）に比べてより大きな決定権限を持ち、国際連合の事務総長、世界銀行の総裁、ＴＡＢの議長によって構成される諮問委員会のアドバイスを受けた。他方、中央の意思決定機関からは専門機関は排除された。また、資金の配分も、個々のプロジェクトごとに審査されたため、各専門機関固定比率配分という考えは廃棄された。ただ、実際には、執行を各専門機関に依存するといった事情はＥＰＴＡの場合と同じであり、事実上のセクター別利益の影響はかなり残っていた。[43]

そして、一九六六年、ＥＰＴＡとＳＦが合併して、ＵＮＤＰ（国連開発計画）が設立された。政策決定機関として管理理事会（Governing Council）が置かれた。他方、事務局レベルにおいては、ＳＦの一元的構造とＴＡＢの集合的構造の中間的形態がとられた。すなわちＴＡＢ、諮問委員会のかわりに、国連事務総長と実施機関である各専門機関の長によって構成されるＩＡＣＢ（Inter-Agency Consultative Board）が設置され、また、専務理事、議長のかわりに総裁（Administrator）が設置された。[44]このようにして、ＵＮＤＰにおいては、自主拠出基金に関して、セクター間一元的管理が実現した。

そのような状況下で、このＵＮＤＰ管理理事会の委託により、ジャクソンを議長とする専門家委員会が組織され、国連システムの開発政策に関する能力（capacity）の研究がなされた。ジャクソン委員会は、一九六九年に、総計五〇〇ページ以上にのぼる、『国連システムの能力の研究（A Study of the Capacity of the U.N. system）』という報告書をまとめた。

ジャクソン報告の焦点は、UNDPと各専門機関との間の分権的組織間関係であった。ジャクソン報告は、この専門機関の自律性によって、「売り込み（agency salesmanship）」や、専門家の質の問題（専門家を派遣するのは多くの場合各専門機関であった）が生じていると考える。そして、分権的構造の下でのUNDPと専門機関の対立には、創造的思考を刺激するものとして評価できる面もあるが、事業プログラムの能率的管理の観点からは集権化すべきと考える。

ジャクソン報告における改革案の前提となる基本的認識は、国連開発システムの機能は事業（operation）であり、従来の国連システムにおける事務局（secretariat）の機能、すなわち、基準設定、情報交換、討議等とはかなり性格が異なるというものである。この国連システムにおける事業機能と事務局機能の対比は、国内でいえば、国営企業と通常の政府サービスの対比に相当するものだとされた。[45] そして、ジャクソン報告は、異なった機能は異なった扱いを必要とすると主張する。具体的には、国連開発システムにおいては、従来の国連システムにおける断片的アプローチ（piecemeal approach）にかわって、統合的管理的アプローチ（integrated managerial approach）が必要であるとされる。[46] そして、ジャクソン報告は、理論的には国連と各専門機関の一体化による完全なコントロールが望ましいと考えた。しかしながら、そのような一体化に伴う諸困難を認識しているため、UNDPの改造による、実効的管理による適度なコントロール（reasonable control）で満足するという路線を選択した。この後者の路線、すなわち、主に管理、財務手続きの修正による改造であれば、国連憲章の改正も必要ないため、政治的にはより容易だというわけである。[47]

そのような路線の下で、ジャクソン報告は開発協力の運用に関して、三つの原則を提示する。[48]それは、第一に、UNDP総裁が全体的責任を負い、第二に、可能な場合に「下請け」を用い、第三に、専門機関の自動的利用はやめる、というものであった。ジャクソン報告は、専門家派遣における遅れや、質の問題に対処するためにも、専門機関の自動的利用にかわる新たな下請けの利用を重視していた。また、ジャクソン報告は、国際開発協力システムにとって、人的資源は、物的資源以上に重要なものであるという基本的認識を持っていた。[49]そして、新しくかつダイナミックな専門職業として、国連開発職員（United Nations Development Service）の設立を考えることが必要かつ重要であるとし、このような専門職業の性格を「国際協力の創造的担い手（creative agent of international cooperation）」と規定した。[50]

以上のようなUNDPによる統合化の試みは、UNDPの管理する財源がそもそも限られていたことや前述の国連開発職員構想が実現することがなかったこともあり、必ずしも成功しなかった。しかし、専門機関との排他的自動的関係の修正という点は、後述のように現実化していくこととなる。また、一九七〇年にはコンセンサス決議が採択され、国別計画方式の採用、各援助受入国に置かれた常駐代表（Resident Representative）への大幅な権限委譲が進められた。国別計画方式においては、UNDPは、各途上国の人口数、一人あたりのGNP等を基準として算出した援助見込額をIPF(Indicative Planning Figure：事業計画指標、UNDP資金の分配比率を示したもの）として各国に割り当て、このIPFを目安に、受入国、UNDP常駐代表、各実施機関等は協力して国別計画を作成することとなった[51]。また、一九七三年には国別プログラム管理計画が導入され、プロジェクトレベルでは、受入国、UNDP常駐代表、各実施機関による三者レビュー（Tripartite Review）制度も導入された。

多国間援助機関の活動と国レベルの制度建設

世界銀行は、一九八〇年代、構造調整融資を行い、受入国に対して援助提供の条件（コンディショナリティー）を課す代わりに、プログラム援助を広く提供してきた[52]。当初、構造調整は短期的現象であり、成長はすぐ再開し、悪影響は一時的であると考えられていた。また、コンディショナリティーの対象は、緊縮財政、平価切下げ、金利引き上げといったマクロ経済政策であった。しかし、一九九〇年代に入ると、調整に時間がかかることが認識され、調整コストを和らげる意識的活動や、社会集団間での配分問題への配慮が必要なことも強く認識されるに至った[53]。そして、コンディショナリティーや制度建設支援の対象も、歳入増をもたらす税務行政確立、政治的な困難を伴う公務員制度改革、金融セクター改革、公企業改革等へ拡大してきた。国レベルの基本的制度建設にかかわる分野に焦点が当てられてきたといえる。さらに、受入国のオーナーシップも重視されるようになってきた。

ＵＮＤＰにおいては、一九八九年に「国家実施（National Execution）」の決議（ＤＰ／一九九〇／三三）が採択された。その内容は、実施（execution）と執行（implementation）の峻別に基づき、執行は専門機関等が担ってもよいが、実施は援助受入国である各国レベルで行われなくてはならないというものであった。これは、具体的には、受入国政府の管理調整能力の強化の必要、専門機関とのパートナーシップ原則の再検討の必要を意味した。より具体的には、前者は、受入国政府の評価・監理能力を高めるためのプロジェクトの強化の必要を意味し、後者は、これまで実施段階のみであった専門機関との関係を計画・評価の局面を含めたものへ拡大していく必要を意味した。

このような、受入国の制度建設やオーナーシップを重視する姿勢は、一九九〇年代後半以降の、世界銀行が主導するCDF（Comprehensive Development Framework）やPRSP（Poverty Reduction Strategy Paper）の策定において、より鮮明に見られるようになる。その中で、受入国の「ガバナンス」改革が援助の焦点に浮上することになる。しかし、援助の実効性の前提としての受入国のガバナンス改革要求論に見られるように、しばしば、オーナーシップの重視の掛け声の下で、実質的なオーナーシップが否定され、ガバナンス押しつけが進められるという現象が起こった。(54)

位：百万ドル）

2000	2001	2002	2003	2004
35, 220. 90	35, 315. 30	38, 448. 60	48, 859. 60	36, 026. 30

Countries), 2006 (Database) より.

再市場化の進展

近年は、ODA以外の市場経由での民間資金移転が拡大している。従って、国際援助行政の役割を特定するためにも、市場経由の資金移転の全体像を把握しておく必要がある。また、ODAと市場ベースの民間資金移転の中間に位置する譲許性の低いOOF（Other Official Flow）(55)の動向も把握しておく必要がある。

表Ⅰ-3　OOF総額（グロス）（単

1960	1970	1980	1990	1995	1998	1999
293.30	3,198.90	15,923.70	37,171.10	45,794.80	56,118.50	62,935.80

出典）OECD DAC, Geographical Distribution of Financial Flows—Part I（Developing

まず、OOFの動向について確認しておこう。［表Ⅰ-3］は、OOFの総額について、一九六〇年から二〇〇四年の総額を整理したものである。

OOF総額に関しては、一九六〇年に約三億ドルであったものが、一九七〇年には約三二億ドルとなり、一九八〇年には約一五九億ドル、一九九〇年には約三七二億ドルとなった。量的には、一九六〇年代及び一九七〇年代に急増し、一九八〇年代にも着実に増加したといえる。その後、ODAとは対照的に、一九九〇年代にも増大する。一九九五年は約四五八億ドルであり、一九九八年には約五六一億ドルに増大し、一九九九年は約六二九億ドルであった。つまり、一九九〇年代末には、OOFはODAとほぼ同じ規模であったといえる。しかし、二一世紀に入ると減少した。二〇〇〇年は約三五二億ドル、二〇〇二年は約三八四億ドル、二〇〇三年は約四八九億ドル、二〇〇四年は約三六〇億ドルであった。

次に、民間資金移転及び公的資金移転の総額（ネット）の動向を確認してみる。［表Ⅰ-4］は、一九七〇年から二〇〇五年における民間資金移転及び公的資金移転の総額（ネット）の動向について整理したものである。

民間資金移転総額（ネット）に関しては、一九七〇年に約五二億ドルでほぼ公的資金移転総額（ネット）と同額であったあったものが、一九八〇年には約五一〇億ドルとなり公的資金移転総額（ネット：約三三三億ドル）を上回るようになる。しかし、

（単位：百万ドル）

1997	2000	2001	2002	2003	2004
34,973.50	33,664.60	35,815.10	23,689.10	29,025.60	36,244.90
284,321.20	194,400.60	177,073.50	167,286.80	217,029.20	326,723.80
319,294.70	228,065.20	212,888.60	190,975.90	246,054.80	362,968.70

百万ドル）

2001	2002	2003	2004
176,851.20	160,289.80	161,606.30	211,384.80

一九八〇年代は債務危機等があったために民間資金移転は伸び悩み、一九八五年には約二六七億ドルに減少し、公的資金移転総額（ネット：約三五一億ドル）を下回るようになる。一九九〇年には約四一六億ドルに回復するが、未だに公的資金移転総額（ネット）を下回っていた。しかし、その後、一九九〇年代前半より、民間資金移転総額は急増する。一九九五年には約一七三五億ドルとなり、公的資金移転総額（ネット：約五三九億ドル）を大幅に上回るようになる。そして、民間資金移転の増加傾向は現在に至るまで続いており、二〇〇四年には約三二六七億ドルとなり、公的資金移転総額（ネット：約三六二億ドル）よりも遥かに大きな額となっている。

次に、海外直接投資（FDI: Foreign Direct Investment）の動向を見てみよう。ＦＤＩとは、現地工場や子会社設立、あるいは現地企業の株式取得のための民間資金移転であり、国際資本市場における債権の取得のための資金移転とは異なり、資金移転先の経営に発言権を持つものである。ＦＤＩの動向は、以下の［表Ｉ-5］の通りである。基本的には民間資金移転総

表Ⅰ-4　資金移転（ネット）

	1970	1980	1985	1990	1995
公的移転	5, 129. 00	33, 291. 10	35, 066. 70	54, 103. 10	53, 913. 50
民間移転	5, 202. 80	51, 013. 60	26, 736. 50	41, 605. 80	173, 492. 80
総計	10, 331. 80	84, 304. 70	61, 803. 20	95, 708. 90	227, 406. 30

出典）世界銀行 Global Development Finance のデータベース（2006 年アクセス）より．

表Ⅰ-5　海外直接投資（単位：

1970	1980	1990	1995	1997	2000
1, 730. 80	9, 587. 90	21, 667. 40	105, 123. 60	168, 704. 10	168, 836. 10

出典）世界銀行 Global Development Finance のデータベース（2006 年アクセス）より．

額（ネット）と同様の動きを示しており、一九九〇年代の前半以降急増している。

しかし、民間資金移転の配分には地域的ばらつきがある。例えば、［表Ⅰ-2］を見ると、世界的に民間資金移転が公的資金移転に比べて急増した一九九〇年代半ば以降においても、発展途上国において民間資金移転が公的資金を上回っているのは、中国やインドといった大国や、タイやインドネシアといった比較的発展した途上国に限られていることがわかる。バングラディッシュ、ケニア、ザンビア、ウガンダ、タンザニアにおいては、民間資金に比べODAの相対的重要性が圧倒的に高い。また、地域的差異は、ODAと民間資金の比率を地域的に整理した［表Ⅰ-6］においても確認される。民間資金の比率は東アジア・太平洋地域、ラテンアメリカ・カリブ地域、ヨーロッパ・中央アジア地域で高かったが、東アジア・太平洋地域については、一九九九年以降ネットでマイナスとなっている。

また、民間資金移転には、時間的変動も大きい。例えば、［表Ⅰ-2］によれば、アジア通貨危機の影響で、インドネシア

表Ｉ-6　地域別資金流入の推移

高所得国を除く国々への地域別の資金流入の推移（単位：百万ドル）

サブサハラアフリカ	1980	1990	1995	2000	2001	2002
ODA	7,343	17,077	17,884	12,259	12,954	17,554
民間資金	4,302	1,281	7,790	9,002	11,173	5,547
計	11,645	18,358	25,674	21,261	24,126	23,102
中東・北アフリカ	1980	1990	1995	2000	2001	2002
ODA	6,799	9,712	5,356	4,379	4,833	6,417
民間資金	3,453	319	2,423	5,390	9,469	7,899
計	10,252	10,031	7,780	9,769	14,302	14,316
南アジア	1980	1990	1995	2000	2001	2002
ODA	5,270	5,985	5,187	4,239	5,903	6,615
民間資金	1,247	2,129	6,162	10,136	5,127	5,697
計	6,517	8,115	11,349	14,374	11,029	12,312
東アジア・太平洋	1980	1990	1995	2000	2001	2002
ODA	3,066	6,313	8,671	7,809	6,693	6,600
民間資金	4,563	8,418	30,964	−7,763	−8,245	−3,186
計	7,629	14,731	39,635	46	−1,552	3,415
ラテンアメリカ・カリブ	1980	1990	1995	2000	2001	2002
ODA	1,906	4,576	5,700	3,795	5,188	4,516
民間資金	24,816	13,199	59,709	80,515	71,532	34,544
計	26,722	17,775	65,409	84,310	76,720	39,060
ヨーロッパ・中央アジア	1980	1990	1995	2000	2001	2002
ODA	953	3,430	9,457	9,571	9,160	11,206
民間資金	2,020	1,764	26,786	42,167	39,066	53,866
計	2,973	5,194	36,243	51,738	48,226	65,072

出典）World Bank, World Development Indicators（2004 年版）より.
注）高所得国とは，2002 年に一人あたり GNI が 9,075 ドルを超える諸国である.
注）民間資金には，銀行貸出やボンドなどの民間債務および，直接投資やポートフォリオ・イクイティー・投資などの非債務を含む.

への民間資金移転は一九九八年以降ネットでマイナスとなっており、タイへの民間資金移転も一九九七年以降減少し、二〇〇〇年以降ネットでマイナスとなっている。また、ケニアにおいても、一九九四年から二〇〇一年にかけてネットでマイナスとなっている。

さらに、近年の注目すべき現象として、移民等による海外送金（remittance）の重要性をあげることができる。一九七八年から二〇〇四年までの海外送金等の総額は［表I-7］の通りである。例えば、二〇〇一年の場合、ODAの総額は約六二二億ドル［表I-1］なのに対して、海外送金の総額は約九五五億ドル［表I-7］となっており、その規模は約一・五倍である。ちなみに、同年の民間資金移転（FDI及び融資）の総額は約一七七一億ドルである［表I-4］。

また、資金移転に占める海外送金の比率は地域によって異なる。例えば、東アジアでは二〇%、ラテンアメリカでは二一%と相対的に低いのに比べて、中東北アフリカでは五六%、南アジアでは六三%と高くなっている。そして、各国単位で見た場合、一九九二年から二〇〇一年の平均で、大きな送金国となっているのはアメリカ（二〇七億ドル）、サウジアラビア（一五四億ドル）、ドイツ（八八億ドル）、スイス（八一億ドル）であり、大きな受取国となっているのは、インド（七七億ドル）、フランス（六九億ドル）、メキシコ（五七億ドル）、フィリピン（五〇億ドル）となっている。フランスの受取額が大きくなっているのは若干奇異であるが、フランスに住む自国人への海外からの送金が現れているのだと考えられる。(56)

以上のような民間資金移転の量的規模の拡大を前提とすると、このような民間資金をどのように公的目的に寄与するように活用するかも重要な課題となる。一般の民間資金については輸出信用の利用条件の政策的活用等も一定程度有用であろう。他方、海外送金については、分散的であるため政策的活用は困難であり、むしろ、海外送金により補塡されている赤字国に対しては、ＩＭＦや世界銀行の影響力が弱体化する可能性がある。(57)

組織間連携——垂直ファンドによる資金調達と連携による企画・実施

以上、最近の国際援助行政を規定する条件として、国際レベルでのセクター間統合の限界、受入国の制度建設・能力強化の焦点化、再市場化の進展といった要素について検討した。このような条件の下における最近の国際レベルでの興味深い試みとして、垂直ファンド（Vertical Fund）の活用による資金調達と企画・実施における公私組織間連携の試みについて検討しておきたい。

ＵＮＤＰのかつての試みに見られるように、資金源をセクター横断的に一元化しようとする動きが見られたが、これらは必ずしも成功しなかった。他方で、エイズ等公衆衛生問題への対応や地球環境問題への対応に関して、目的別にグローバルな単位で設定される垂直ファンドをむしろ積極的に活用する動きも見られる。これには、対象領域を明確化することによって、各国等からの資金調達を容易にしたいという考慮が働いていると思われる。

ドル）

2002	2003	2004
112,516.30	140,473.10	160,349.50

表Ⅰ-7　労働者の海外送金等（単位：百万

1978	1980	1990	1995	2000	2001
10, 595. 70	18, 425. 72	31, 036. 96	57, 148. 42	84, 078. 80	95, 523. 28

出典）世界銀行 Global Development Finance のデータベース（2006年アクセス）より．

目的を限定して設立されているという点においては、従来のセクター別の専門機関や、国連のＵＮＩＣＥＦやＵＮＦＰＡといった各種基金とも類似の性格を持っている。ただし、資金調達に役割を基本的に限定しており、プログラムやプロジェクトの実施に際しては、民間組織も含めた既存の各種組織等との組織間連携を模索する点で、従来の専門機関や各種基金とは異なる。

例えば、地球環境ファシリティー（GEF : Global Environmental Facility）は、気候変動枠組条約、生物多様性条約、オゾン層保護条約（ＧＥＦによるオゾン層保護の供与対象国は、モントリオール議定書実施のための多国間基金で資金供与対象となる五ヵ条国（途上国）以外の、移行経済諸国）、ストックホルム条約（残留性有機汚染物質を対象とするもの）といった地球環境条約上の資金メカニズムとされており、国際水域汚染防止、土地劣化（砂漠化対処等を含め、気候変動、生物多様性、オゾン層保護、国際水域汚染防止の四対象分野と関連性のある範囲において）をも対象領域としている。ＧＥＦは、開発途上国、経済移行国が地球環境問題に対処するために、新たに負担する増加費用（incremental cost）を原則として無償資金として供与する資金メカニズムであり、一九九一年五月に三年間のパイロット・フェーズとして発足した。その後、一九九四年三月ＧＥＦの改組が行われ、ＧＥＦ第一期（一九九四年七月―一九九八年六月）の増資（約二〇億ドル）が合意され、一九九八年には資金規模二七・五億ドルで第二期（一九九八年七月―二〇〇一年六月）の増資が行われた。現在は、二〇〇六年から四年間で三一・三億ドルの増資が行われている。

GEF自身は、資金調達とプロジェクト設計のためのメカニズムであり、実施は直接的には担当していない。GEFプロジェクトは、GEFを構成する三つの実施機関（Implementing Agency）である世界銀行（投資プロジェクト、基金管理を担当）、UNDP（技術協力プロジェクトを担当）、UNEP（United Nations Environmental Programme：国連環境計画：学術的分析と評価を担当）によって実施されている。GEFは、一九九一年の設立以来現在までに、一五四ヵ国で約一九〇〇プロジェクトに対して約六八億ドルの資金提供を行ってきた。また、これらのプロジェクトに対しては、国際機関や二国間援助機関等から約二四〇億ドルの協調融資が行われてきた[58]。

GEFの場合は、自らが実施主体となることはないため、組織間の連携が援助実施上必要になる。GEFの規模はそれ程大きくはないが、GEF受入国のコミットメントを確保し、各機関と様々な形で連携し、関係する機関やアクターの地球環境保全への取り組みを促進することによって、他とは異なるユニークな役割を発揮しているといえる。では、GEFはどのような役割を果たし、公的あるいは私的各組織とどのように連携しているのであろうか。

第一に、GEFには環境保全に関わる直接の資金提供機関としての役割が存在する。GEFは、世界銀行等の多国間開発銀行と異なり、無償資金を提供する。当初、GEFには事務局も評議会もなく、案件はすべて三つの実施機関によって企画され、GEFに持ち込まれており、GEF側にはそれに対応する組織能力はなかった。これは、実施機関側、また、最終的利用者である発展途上国の側から見ると、GEFの手続きは煩雑で時間がかかるという問題の原因として認識された。他方、GEFの側からは、組織能力の欠如により、実施機関の持ち込んだ案件を引き受けざるを得ないので、GEFは質の悪い案件を強いられたと認識された。この状況は、その後、改善された。リオ・サミットの後、GEFの組織再編が行われ、その中で、事務局、評議員会が設置されるとともに、プロジェクト等を「客観的立場」から政策レベルでレビューするSTAP(Scientific and Technical Advisory Panel:科学技術諮問パネル)が設立された。また、資金不足という事情もあり、プロジェクトが蓄積していったため、その中から優れたものを迅速に選べるようになってきた。

第二に、GEFには環境保全に関わる追加的資金獲得のための触媒としての役割がある。当初は、GEFのプロジェクトは世界銀行等の実施機関により企画されてきた。そのため、実際の運用としては、企画中のプロジェクトの地球環境保全に関係する部分を切り取って、GEFのプロジェクトとして無償援助を獲得するという行動様式がとられてきたといわれている。この行動様式のため、GEFが一定のプロジェクトに対して資金提供すると、その数倍の資金が他のメカニズムによって提供されるようになることが多かった。つまり、GEFは一定の梃子としての機能を持っていたといえる。しかし、この点については、批判も強かった。世界銀行といった実施機関は環境考慮の「主流化(main-streaming)」を唱えてきていた。その点からいえば、実施機関はプロジェクトの環境部分をGEFの対象として切り離すのではなく、自らのプロジェクトの部分とするべきなのであり、GEFとの連携はそのような批判を回避する口実であると考えられた。[59]また、世界銀行は、自身のプロジェクトの下準備のためにGEFを使っているのではないか、という懸念も持たれた。

第三に、民間セクターやNGOセクターによる地球環境保全活動を促進するという連携促進の機能がある。この点については、他の機関との協力を規定した改組後のGEF設立のための文書第二八パラグラフにおいて、「実施機関は、有効かつ費用対効果の高いプロジェクト実施における、それらの団体の比較優位を考慮し、国際開発銀行、国連の専門機関及び計画、その他の国際的機関、二国間開発機関、国家機関、非政府機関、民間団体、及び学術団体によるGEFのプロジェクトの準備及び実行のための取り決めを作成することができる」とされ、連携先として非政府機関、民間団体が明示されている。具体的には、民間セクターとの連携に関しては、途上国の民間セクター投資を支援するIFC（International Financial Corporation：国際金融公社）を通して途上国の中小企業等に提供し、省エネ等を促進するプログラムを各地で実施しつつある。[60]また、再生可能エネルギーの開発に関しては、シェルやブリティッシュペトロリアムといった企業と協力し、環境保全の効果をもたらす増分コストをGEFが負担するといったプログラムも行っている。[61]これらは、民間セクターの役割が大きくなってくる中で、それに対応すべくGEFが試みている実験である。しかし、民間セクターとの協力を欲するあまり、民間企業の利益に捕われ過ぎているのではないかという批判もある。

第四に、GEFには実験的プロジェクトに関するモデル・知識の構築という役割がある。[62]途上国における地球環境保全活動の一定の分野において、GEFが主要な資金提供者としての役割を果たしてきた場合があるという。そのような例としては、電源ネットワークに接続されない農村の太陽エネルギー、燃料電池バスといった分野があげられている。GEFは、他に投資主体のないこのような分野に投資し、プロジェクトの経験を積むことを通して、当該分野のプロジェクトのモデルという知識を獲得することができる。そして、このような革新的な知識を流通させることによって、他の資金メカニズムによるプロジェクトに対しても影響を与えることができるとされる。

このように、目的を限定する垂直ファンドによって資金調達を行い、実施は既存の公私組織を活用しようという興味深い動きが見られる。これは、国内行政におけるパブリック・プライベート・パートナーシップといった方式を、再民間化が進むとともに多元的性格を不可避的に持つ国際援助行政の領域で応用する試みと見ることもできる。ただし、民間組織と直接協力することや、自ら実験的プロジェクトを実施することは、援助における主体を増加させることで、国際援助行政の多元的性格を更に深化させるだけだという側面もある。

4 援助主体間調整

国際援助行政の構造的特質は、援助主体(donors)が多元化していることである。主要な援助主体には、多国間援助機関の他、二国間援助機関が存在し、各二国間援助機関は、各々固有の選好や手続き・制度を有している。他方、援助受入国の観点からは、これらの多様な援助主体間の調整を図ることが、実効的な援助実施を試みる上で重要になる。

ここでは、国際援助行政の運営において重要な焦点となる、援助主体間の調整の枠組と運用について検討する。具体的には、グローバルレベルでの枠組・運用と、各国レベルでの枠組・運用に分けて分析する。その上で、ハーモナイゼーションの政策的重点化や「目標による管理」という新たな調整手法の利用を伴う、最近の変化の試みについても検討する。

グローバルレベルの枠組と運用：OECD・DAC

これまでも述べてきたように、開発援助が一つの「システム」としてみられるようになったのは、一九六〇年代に入ってからである。一九六〇年一月のOEEC特別経済委員会会合で、アメリカが中心となり、援助促進の手段について定期的に検討するためのDAG（Development Assistance Group）の設立が合意された(63)。そして、一九六一年三月には、DAG第四回会合において、「共通の援助活動に関する決議（Resolution on the Common Aid Effort）」が採択された。そこで主張された内容は以下の通りである。

①量の拡大
②有効性（effectiveness）の改善
③安定性：確実かつ継続的な援助提供の重視
④譲許的な資金の提供の必要

そして、具体的活動として、援助貢献の量・性格（nature）に関する定期的レビュー、「共通の援助活動」に関する公平な貢献基準の研究が提案された(64)。これらは、OECDのDAC（Development Assistance Committee）(65)において実現されていくことになる。また、同じく一九六一年三月には、資金移転に関する最初の包括的な報告（"The Flow of Financial Resources to Countries in Course of Economic Development"）が取りまとめられた(66)。

DACの主要な活動方式としては以下の二つがある。第一の活動方式は、年次援助レビューである。これは、構成メンバーの援助政策、プログラム、実行を定期的にレビューする制度である。この制度においては構成国間相互でのピアレビューが用いられる。つまり、年次援助レビューでは、事務局による独立の評価を前提として、他の二ヵ国が集中的に質問を行うこととなっている。この過程は、建設的な「相互批判」を管理するプロセスであると規定することができる。この「相互批判」による政策改革（超国家的方法と対置される）は、マーシャルプランのもとでのOEEC（貿易政策、通貨管理政策に関して各国間で相互レビューを行った）以来の伝統であるといえる。

第二の活動方式は、年次援助レビューの後に、年に一度開催されるDACハイレベル・ミーティングにおける討議である。これは、各国の援助を統括する機関の長が参加する準執政レベルの制度である。この場では、優先セクター等の優先的課題についての討議、討議結果・経験の伝播の促進が行われる。

具体的には、以下のような課題について、DACレベルでの調整が行われてきた。第一に、調整の前提としての援助の測定問題が存在する。これが解決できなくては、量、負担分担の議論すらできない。まず、ODAの定義を明らかにする必要があった。輸出信用や賠償はODAに入るのか、ODAとされるための譲許性の必要条件はどの程度なのか、といった点が明確にされた。また、負担分担を行うためには、借款と贈与の相対的評価を行う必要がでてくる。そのために、一九六九年に、ODAとOOFを峻別する定義が行われるとともに、グラントエレメントという概念が開発された。その後、一九七二年に、ODAはグラントエレメント二五%以上に限定された[67]。

第二に、負担分担に関しては、当初、各国の対前年比伸び率が一つの評価基準として用いられてきたが、一九六五年にDACにおいて、GNPの一%という目標値が支持された[68]。目標値は、各援助主体が国内で援助予算増大を正当化するのにもある程度寄与した。その後、目標値としては一九六九年のピアソン報告によって〇・七%が提示され、それが一九七〇年には国連によっても支持された[69]。

第三に、優先セクターの設定が行われた。DACの議論の中で、その時々の優先セクターに焦点が当てられ、その結果、各援助主体における当該セクターに対する資源配分が促進されてきた。例えば、一九七〇年代中盤には、農業セクターが重視された。一九七四年には世界食糧会議も開催された。その結果、DACメンバーの援助予算に占める農業セクターの割合は、八・五%（一九七三年）から一四%（一九七六年）に増大した。その後、人口問題、BHN（ベーシック・ヒューマン・ニーズ、具体的には教育、保健、雇用創出、貧困等）、制度建設（執行、援助調整、ガバナンス等）、環境、エイズ等が重視されてきた。

第四に、援助のあり方に関する規制に関する議論がなされてきた。例えば、援助主体による紐付援助（タイド援助）[70]が援助の実効性を損なうという議論が行われてきた。そして、二〇〇一年四月のDACハイレベル会合において、LLDC（後発発展途上国）に対する援助のアンタイド化に関する議論が行われ、勧告が採択されることとなった[71]。

ただし、紐付援助規制の問題は、OECDの中において、DACとは別の場所においてより早く取り上げられていた。OECDでは、競争条件の平準化に関心のある輸出信用規制担当部局により、紐付援助が競争を歪めるとの議論が提起され、一九九一年にヘルシンキ・パッケージという紐付援助規制が成立していた[72]。

その内容は、次のようなものであった[73]。まず、紐付援助とするためには、CL（concessionary level）比率（援助の譲許性を示す指数であり、商業的融資だと〇%、贈与だと一〇〇%となる）を三五%（LLDCについては五〇%）にすることが最低限要求される。次に、CL比率が三五%（対LLDCについては五〇%）―八〇%である場合には、紐付援助にする条件として、「非商業性」が求められる。「非商業性」については、一定の市場金利を仮定して、キャッシュフロー分析を行った場合、収益が得られないか（第一キー・テスト）、あるいは、他の資金で実際に埋められるのか（第二キー・テスト）、という観点から判断される。しかし、個々の事例の分析によって判断されることに論理的にはなっているものの、実際には、事実上、当該案件のセクターによって、「非商業性」が認められ得るのか、「商業性」案件となり紐付化が否定されるのかが決まるようである。[74] ただし、上述の条件を満たさない場合においても、国家の安全保障上等の必要のある場合には、ＯＥＣＤの事務総長へその旨の手紙を送ることを条件として、紐付援助が許容される。ただし、紳士協定とはいえこのような場合は年に数件に限られるようである。

第五に、援助政策に関する議論がなされた。例えば、一九九六年には、冷戦終了後の状況を踏まえて、その後の援助政策の基本方針に関して、『二一世紀に向けて──開発協力を通じた貢献』（いわゆる『新開発戦略』）が策定された。そこでは、後述のＭＤＧｓ（Millennium Development Goals：ミレニアム開発目標）の基礎となる指標も提示された。

各受入国レベルでの援助調整の枠組と運用

（1）　援助調整グループの歴史的展開

援助受入国は多くの援助主体に対応しなくてはならない。例えば、ケニア政府は、一九八〇年代初期において、約六〇の援助主体に対応し、約六〇〇プロジェクトを実施していたといわれる。また、ＵＮＤＰの推計によるとマラウィには五〇の援助主体と一八八プロジェクトが、レソトには六一の援助主体と三二一プロジェクトが、ザンビアには六九の援助主体と六一四プロジェクトが存在したという。[75] このような援助主体の増殖は一九六〇年代から七〇年代に起こった。[76]

このような多数の援助主体からの援助が調整されない場合、援助の効果は減ってしまうのであり、各援助主体からの援助を調整するための様々な援助調整グループが設立された。この援助調整は直接的には援助主体間調整であるが、必然的にセクター間調整としての意味を持つ。つまり、援助主体間調整とは、どの援助主体がどのセクターのプロジェクト・プログラムに参加するかを決定するということであり、その決定を行うためには、当該援助受入国レベルにおけるセクター間調整が論理的に必要となる。

このような援助調整グループは、一九八八年時点で、七一ヵ国に存在していた。このうち、世界銀行が主導する支援国会合（Consultative Group）は四五個であり、UNDPの主導するラウンドテーブル（Round Table）は二四個であった(77)。

以下、支援国会合、ラウンドテーブル等の援助調整グループの歴史的展開を概観したい。

まず、支援国会合については、広義の支援国会合の中にもいくつかの起源がある。第一の起源は、コンソーシアムと呼ばれるアドホック会合である。これは、一九五八年にインドにおいて、一九六〇年にパキスタンにおいて開催された(78)。これらは、五ヵ年計画等の資金調達を大きな目的としていた。いずれも年に二回の会合を開催した。第一回目は経済状況、援助の必要の検討のための会合であり、第二回目は資金提供約束（プレッジング）のための会合であった。また、資金調達目的であったため、当初は債権者・援助主体のみが参加していたが、後には説明と回答のため受入国政府も参加する慣行となった。第二の起源は、一九六三年にナイジェリア、チュニジア、コロンビア、スーダンで開催された狭義の支援国会合である。これは、コンソーシアムとは異なり、非公式的であり、資金調達の要素が少ないものであった。これらは、コロンビアを除いてうまくいかなかったため、一九六四年から六五年にかけて世界銀行による支援国会合の再検討が行われ、支援国会合の有用性が確認された。しかし、世界銀行職員によるより多くの支援と準備が必要であるとの認識がもたれた。[79]

この再検討の後、世界銀行のより積極的なアプローチの下、一九六六年に、ナイジェリア、スリランカ、マレーシア、韓国、タイ等において支援国会合が設立された。また、タイ等では、ＯＥＣＤのＤＡＣが主導する国レベルでの調整も試みられた。[80] インドネシアではオランダが議長となりＩＧＧＩ(Inter-Governmental Group on Indonesia) が設置されたが、これは、一九六九年以降、インドネシアの開発計画と資金提供約束を伴う資金調達の検討に重点を置きだしたので、従来のコンソーシアムモデルに似ていた。また、経済報告等は世界銀行によって準備されるようになった。[81] また、一九六八年の東アフリカでは、援助主体だけのセクター別会議（農業、教育、交通）がロンドンで開催された。一九六〇年代末の援助調整を促すピアソン報告を受けて、世界銀行は支援国会合のない大規模な途上国に支援国会合を積極的に拡大していく方針を示した。しかし、援助主体の中にはこのような拡大に慎重な国もあった。その結果、一九七〇年代当初における支援国会合の拡大は、フィリピン、ザイール、エチオピアにとどまり、インドネシアを入れても総計一五であった。

この頃になると、コンソーシアムも受入国の経済状況の分析に重点を置き、資金提供約束は基本的には各国の判断となり、他方、支援国会合においても一九六六年のナイジェリア等において受入国の援助需要の議論を行うようになってきたため、コンソーシアムと支援国会合の差異は消失していった。[82]

そして、一九七一年には、世界銀行は、再度、国別援助調整の再検討を行った。その再検討を通して、国別援助調整グループの一般的枠組が作成された。国別援助調整グループの目的は、各援助主体が評価する基準となる一貫した枠組（a coherent framework）を提供することであり、そこでは開発需要に優先順位をつけられるようにすることが必要であると主張された。また、援助調整グループ設立の基準として、複数援助主体からの実質的援助（substantial assistance）を得られること、世界銀行による援助提供の見込、設立に関する受入国と主要援助主体の合意があげられた[83]。

他方、UNDPの支援を得て各受入国が各受入国内で行う会合は数多く行われ、ラウンドテーブルと呼ばれた。具体的には、一九七二―八〇年にかけて、レソト、ブルキナファッソ、ブルンディ、中央アフリカ、ジブチ等において設立された。ラウンドテーブルは、一九八一年の国連LLDC会議（UN Conference for the Least Developed Countries）後、更に組織され、同会議において採択された行動プログラムの執行と定期的検討のメカニズムとして利用された[84]。

その後、一九八〇年代に入ると、構造調整プログラムが開始される中で、支援国会合とラウンドテーブルも強化されていくこととなる。

世界銀行においては、一九八四年、援助調整における自身の役割に関する再検討が更に行われた。そこでは、受入国における援助主体数がますます増大し、サブサハラの開発の展望が思わしくなく、構造調整の中でより広範な政策課題が重要となってくる中で、援助調整はますます重要になっているという認識が示された。その上で、世界銀行が、特にサブサハラ地域において、更に援助調整支援を増大させること、単なる情報交換ではなく、政策目的への合意の確保のためセクターレベルの調整への関心を増大させることが勧告された。また、特にサブサハラ地域に対しては、調整・投資プログラムの質、対外援助のレベルや柔軟性の改善、協議の対象の拡大（中期調整計画、多年度財政計画を含む）が勧められた(85)。

他方、UNDPは一九八四及び八五年に、ラウンドテーブルの再検討を行い、受入国主導、単発的であったラウンドテーブルのあり方が討議された。この再検討では、従来のラウンドテーブルの問題として、議長（受入国政府）が弱いこと、準備が不十分であり議論における焦点が欠如していること、UNDPコンサルタントの補助を得て受入国政府が作成する文書がアドホックであり、日常的計画・予算とは切断されていること等が認識された。この再検討の結果、世界銀行等の協力（マクロ分析）も得て準備過程を強化し、場所も受入国からジュネーブに移し、UNDPが共同議長として参加することとされた。この再編によって、ラウンドテーブルもより支援国会合に近いものへと再編されたといえる。そして、UNDPと世界銀行、IMFとの協力も強化された(86)。

以上の支援国会合、ラウンドテーブル等の他に、トルコではOECDを議長とする援助調整グループ（OECDが現場業務的な事項に関与するのは例外的であった）が形成された。以上から、援助調整グループの態様には多様な起源があり、多様な発展を遂げてきたことが確認される。しかし、一九八〇年代以降、類似のものになりつつあると指摘することができる。支援国会合とコンソーシアムの差異も薄れ、ラウンドテーブルも再編されて支援国会合に近いものとなっている。特に、一九八〇年代における構造調整との連携の中で、援助調整グループには同種の機能が期待されてきた。

このような援助調整の機能強化は、受入国内における調整機能の強化と連携して進んできた。例えば、一九八〇年代初期に経済危機に見舞われたトーゴの場合、一九八一―八五年の開発計画は単なるプロジェクトのリストであった。しかし、開発計画も改訂され、一九八三―八五年の開発計画はローリングされるＰＩＰ（Public Investment Program）となった。ＰＩＰに対しては世界銀行による年次レビューが行われ、これによって各援助主体に優先プロジェクトが示され、全ての援助主体が同一の詳細なＰＩＰを検討するようになり、援助主体間の補完性が確保されるようになった。そして、一九八五年六月には政府による援助主体会議が組織化され、ＵＮＤＰ、世界銀行による支援が行われた(87)。

（２）援助調整グループの制度的枠組

ここでは、一九八〇年代から一九九〇年代初頭に固まったと思われる援助調整グループの制度的枠組についてまとめておきたい。

世界銀行・支援国会合の基本的目的は、「政策対話」、すなわち政策・投資の共同検討を行い、資金提供約束を取り付けることである。つまり、政策調整と資金調達という二つのレベルが存在する。頻度としては、基本的には年に一度開催される。

外部からの関与の大きい支援国会合でも、責任の所在が受入国にあるという原則は確認されている。

ただし、伝統的には議長は世界銀行であり、開催場所は受入国外であるパリ（もしくは東京）であることが多かった。参加者は実質的な協議が行えるよう主要援助主体に限定され、具体的には世界銀行と受入国が協議して決定する。世界銀行の中では、各国担当部局が援助調整をリードする。

支援国会合における重要なインプットは、各種の文書である。これは、各援助主体が参照するものであり、調整の基礎となっているといえる。具体的には、世界銀行が作成するＣＥＭ（Country Economic Memorandum）、世界銀行とＩＭＦとが共同で準備するＰＦＰ（Policy Framework Paper）、受入国が世界銀行の支援の下で作成するＰＩＰ（Public Investment Programme）、ＰＥＰ（Public Expenditure Programme）等であった。

また、資金提供の約束を取り付けるに当たっては、世界銀行は各援助主体に対し「援助見込表（Aid Indication Table）」を送り、各援助主体は将来の「援助見込」等を書き込んで返送する。

年に一度、数日の支援国会合で全ての調整を行うことはできない。調整が実効的であるためには、現地における調整グループの活動、セクター別の調整活動と連携される必要がある。このような連携の例としては、スーダンにおける「統合的」アプローチがあげられる。スーダンでは、支援国会合の後、投資計画執行・監理のため、援助主体と政府で構成される共同執行監理委員会が、スーダンの計画担当大臣の議長の下、三、四ヵ月ごとに開催された。また、セクター・サブグループも現地で設立された(88)。

また、セクター別調整においては、援助主体間分業が行われていた。つまり、セクター別調整の担い手として各援助主体をリードドナーとして指定したわけである。例えば、バングラデシュの場合、鉄道セクターにはＡＤＢ（Asian Development Bank：アジア開発銀行）が、農村開発の農村インフラにはスウェーデンが、農村雇用にはデンマークが、農村開発におけるＮＧＯにはカナダが、リードドナーとして指定されていた。(89) この援助主体間分業の管理は相補性の管理といえよう。

ＵＮＤＰ・ラウンドテーブルにおける基本的目的にも、政策的対話、援助確保の二つのレベルがある。ラウンドテーブルにおいても、当然のことながら責任の所在は受入国である。ラウンドテーブル新方式においては、参加者は主要援助主体に限定され、開催場所はジュネーブ（受入国外）であり、議長には受入国とともにＵＮＤＰが共同議長となることもあった。これらの点では、ラウンドテーブル旧方式とは異なり、ラウンドテーブル新方式は支援国会合に近い。しかし、支援国会合とは異なり、ラウンドテーブルでは文書準備は受入国政府が行う。ただし、ＵＮＤＰはテクニカルアドバイザー（マクロ経済学者）を受入国政府に提供し、世界銀行はマクロ経済分析、ＰＩＰの準備に関して貢献する。また、頻度も、二年から五年のサイクルをなすという点で異なる。

ラウンドテーブルにおいては、現地調整グループ、セクター別調整会議との連携が、マニュアルにおいて明示的に規定されている。つまり、事前準備やフォローアップを含み二年から五年のサイクルを形成するラウンドテーブル過程と、ジュネーブで開催されるラウンドテーブル会議の峻別が行われていた。そして、ラウンドテーブル過程全体としての重要性が説かれていた。

(3) 援助調整グループの運用

援助調整グループの運用に関しては、以下の三つの指摘を行うことができる。

第一に、セクター間調整の基礎となる共通の文書、例えば、PFP、PIP、PEP等が、運用上重要な基礎となった。制度として、各国レベルでの援助調整には、政策調整と援助資金調達・配分という二つのレベルがある。政策対話においては、これらの文書は重要な素材あるいは産物であり、また、受入国への援助を含めた資源のセクター別資金配分の際の指針となるものでもあった。

第二に、政策対話の有効性を規定するのは基本的には双方の信頼関係であった。この双方の信頼関係を維持しつつ「相互批判」あるいは討議を管理することが必要になる。この管理の失敗例としては一九八〇年代のタンザニアの事例があげられる。双方の信頼関係が欠如していたため、政策対話は双方を非難し合うイデオロギー論争化してしまったようである[90]。

第三に、援助主体間競争のプラスとマイナスを、どのように「相補性」を満たす形で調整するかが重要になる。援助調整における援助主体間競争の機能としては、選択肢の拡大、分業(特定セクターへの競争的特化:例えば北欧の援助の人道分野への集中)によるセクターレベルの調整の促進というプラスの機能、他の援助主体にとられないためのプロジェクトの持続、限られた資源(例えば現地の管理職の人材)の争奪というマイナスの機能という双方がみられる[91]。これらのうち、プラスの機能を発揮させ、マイナスの機能を抑えることが、期待される「相補性」の管理として重要になる。

「相補性」の管理としての援助調整の運用の規定要因としては、いくつかのものが考えられる。まず、援助主体側、受入国側の思惑があげられる。[92]援助主体側の思惑のうち、資源の効率的利用の要求は調整を促進する方向に働き、商業的政治的利益を自由に追求できなくなる可能性への警戒は調整を阻害する方に働く。また、受入国側の思惑のうち、ミッションへの対応のための行政的負荷の削減の期待は調整を促進する方向に働き、援助主体間カルテルへの恐れ（冷戦時の東西関係のように援助主体を競わせて利得を得る機会を失う恐れ）は調整を阻害する方向に働く。また、援助調整が短期資金の確保を目的としたものか（その場合セクター間調整との関連は間接的）、長期資金の確保を目的としたものかによっても、調整の管理の難しさが規定される。後者（直接セクター間調整に絡むプロジェクト援助のための中長期の資金確保）においては、各国援助主体が各セクターに既得権を持っている場合が多いので、調整は難しい。

以上のように、支援国会合、ラウンドテーブルのいずれの活動においても、各国レベルという単位・範囲が援助調整活動の焦点となってきた。そして、一九八〇年代以降の構造調整と連携した支援国会合、ラウンドテーブルの再編の中で、受入国の投資過程、予算過程が国際化され、世界銀行等の国際機関の役割が高まった。しかし、制度建設の主張にみられるように、最終的には受入国自体が調整能力を身につけなくてはならない。また、支援国会合、ラウンドテーブルのいずれの活動においても、政策調整、援助資金調達・配分の二つの機能がみられた。そして、政策対話においては信頼の下での「相互批判」の管理が、資金調達やセクター別調整の分業においては「相補性」の管理が運用上必要とされた。

グローバルなマネジメントの試み

（４）ＭＤＧｓ――目標による管理

以上のような一九八〇年代から一九九〇年代初頭において固まった援助調整の基本的プロセスは、一九九〇年代末以降、特にグローバルなレベルにおけるマネジメントを志向して再構造化されていくことになる。以下では、そのような試みを概観しておきたい。

まず、国連は、二〇〇〇年九月ミレニアムサミットにおいて、平和と安全・軍縮、開発と貧困削減、環境保護等の項目を盛り込んだ「ミレニアム宣言」（Ａ／五五／二）を採択した。そして、総会決議五五／一六二が国連事務総長にロードマップの作成を求めたのを受けて、ミレニアム宣言を具体的に実施する方向性を示すものとして、国連事務総長報告書「国連ミレニアム宣言実施に向けたロードマップ（Road map towards the Implementation of the United Nations Millennium Declaration）」（Ａ／五六／三二六）が二〇〇一年の第五六回国連総会に向けて取りまとめられ、その中で「ミレニアム開発目標（MDGs：Millennium Development Goals）」が公表された。(93)

ＭＤＧｓは以下の八つの個別目標によって構成されていた。

①極度の貧困と飢餓の撲滅

②普遍的初等教育

③ジェンダーの平等の推進と女性の地位向上
④乳幼児死亡率の削減
⑤妊産婦の健康改善
⑥HIV・エイズ、マラリアその他の疾病の蔓延防止
⑦環境の持続性の確保
⑧開発のためのグローバル・パートナーシップ

これらの個別目標の内容自体は、必ずしも新しいものではなかった。一九九〇年代には、UNDPにより『人間開発報告』が発表され、その中で様々な人間開発指標が試みられ、世界銀行も一九九〇年の『世界開発報告』で貧困を取り上げた。また、一九九六年にはOECDのDAC上級会合で『二一世紀に向けて――開発協力を通じた貢献』(『DAC新開発戦略』)が採択され、そこでは「全てのヒトの生活の質的向上」を持続可能な開発目標として位置づけ、その実現に向けた国際開発目標(International Development Goals)として、貧困、教育、保健、環境などについて七つの数値目標と二一の測定指標を示していた(94)。

また個別的には、保健領域における、乳幼児死亡率低下、妊産婦の健康改善、HIV・AIDS・マラリア等への焦点化は、一九七〇年代以来のプライマリー・ヘルス・ケア・アプローチの国際的潮流を踏まえたものであった。そこでは、治療中心のアプローチから予防・公衆衛生中心のアプローチ

へ転換がみられ、一九七八年WHO・UNICEF国際会議において「アルマアタ宣言」として定式化された。[95] 妊産婦の健康改善については、一九九四年にカイロで開催された国際人口開発会議において、「二〇一五年までに妊産婦死亡率を一九九〇年水準の四分の一に」という目標が掲げられ、これが一九九五年の北京世界女性会議、一九九六年のDAC新開発戦略を経てMDGsに組み込まれた。[96]

この点は、国連事務総長報告書「国連ミレニアム宣言実施に向けたロードマップ」においても認識されていた。ロードマップにおいては、人類の直面している問題は相互に密接に関連して (inter-twined) おり、包括的なアプローチ (comprehensive approach) と調整された戦略 (coordinated strategy) が必要であり、ミレニアム宣言は調整されたアプローチが意味を持つ横断的なイシューに焦点を当てようとしたと述べられている。そして、ミレニアム宣言のターゲットの大部分は新しくはないものであり、一九九〇年代のグローバル会議の中で作成されてきたものであることが確認されている。そして、必要なのは技術的研究やフィージビリティー研究ではなく、政治的意思 (political will) であることが主張されている。[97] 逆に言えば、包括的アプローチを提示し、政治的意思の表明を求めている点にMDGsの意義があったわけである。そして、その後の進め方としては年次報告で毎年進捗状況確認を行うこととされ、二〇〇二年は武力紛争とエイズ・マラリア等の疾病予防・対応に、二〇〇三年は開発資金確保と持続可能な発展に、二〇〇四年はデジタルディバイドと越境犯罪に焦点を当てることとされた。そして、二〇〇五年には最初の包括的報告が出されることとなった。

以上のようなミレニアム目標導入には、目標による管理というマネジメント改革的な側面があった。

従来、前述のジャクソン報告によって提起されたＵＮＤＰ改革の例に見られるように、組織再編による調整の試みは多かった。しかし、ＭＤＧｓにおいては、組織再編ではなく、共通の目標設定を行うことで、様々な組織間のパートナーシップの確保が図られた。その際、重要な特色は、期限を決めて、モニタリング可能な具体的数値目標ができる限り設定されたことである。例えば、乳幼児死亡率の削減に関しては二〇一五年までに五歳児未満死亡率を一九九〇年の三分の二に削減することが目標とされた。このようなミレニアム目標の設定と管理には、国連システムが中心となったが、狭義の国連システムに限定されない国際援助活動全体のマネジメント改革という側面があった。実際に目標設定には、世界銀行等のブレトンウッズ機関やＮＧＯも参画した。そして、ＭＤＧは、イギリスなどの諸国の二国間援助主体においても、共通の目標として採用されつつある。

ＭＤＧｓには、マネジメントの観点からは、アウトプットを超えて、アウトカムに関する具体的目標設定をしたという意味もある。しかし、モニタリング・メカニズムの課題や、仮に目標を達成した場合に関係組織間での寄与率の配分の判断をどのようにするのかといった課題が残っている。また、ＭＤＧｓのように明確に課題設定されるのはわかりやすいというメリットがあるが、他方、個別の目標の相互関係が明らかではないために、個別目標の追求が貧困削減という大目標の達成に寄与しないという恐れもある。

（2）モンテレー開発資金調達国際会議

前述の二〇〇一年の国連事務総長報告書「国連ミレニアム宣言実施に向けたロードマップ」においても、「十分な追加的資金（significant additional resources）」の必要性が認識されていた[98]。このような認識を踏まえて、世界、特に発展途上国における、開発の資金調達の課題を検討するために、二〇〇二年にメキシコのモンテレーで、「開発のための資金調達に関する国際会議（International Conference on Financing for Development）」が開催された。

この会議の報告書では、ミレニアム宣言等における開発目標を達成するのに必要な資源の減少が懸念され、開発目標を達成するためには先進国と途上国の新たなパートナーシップが必要であることが強調された。ただし、市場における資金移転の増大等の変化を背景として、短絡的に援助資金の増大を求めることなく、全体的アプローチ（holistic approach）の必要性が主張され、各国政策、開発戦略の重要性も強調された[99]。

必要な具体的行動としては、第一に、国内資源の動員が主張された。そして、そのためには、マクロ経済政策の一貫性、グッドガバナンス、腐敗対策、実効的、効率的、透明かつアカウンタブルな公的資源動員管理メカニズムが不可欠であるとされた。また、マイクロ・ファイナンスも含めた国内の金融セクターの強化も重視された[100]。第二に、海外直接投資とその他の民間移転による国際的資源動員が主張された。民間国際移転は必要な資源動員における主要な補完的要素であるとされ、投資を促進するような国内的国際条件の構築や革新的な開発金融アプローチ（innovative development financing）の必要性が重視された[101]。第三に、開発のエンジンとしての国際貿易の促進が主張され、WTOドーハ会議の結果の実施、地域的協定、自由貿易地域の活用が重視された[102]。

そして、第四に、国際資金協力や技術協力の増大が主張された。アフリカの多くの国にとっては最大の海外資金源であることからもわかるように、ODAは不可欠な資源であり、ODAその他の資源の実質的増加が必要とされ、GNP比〇・七％のODA目標の未達成国には達成のための具体的行動を求めるとされた。他方、受入国と援助主体は援助をより実効的にする必要があるとされ、具体的には、手続きの調和化、アンタイド化、適切な場合には予算支援メカニズム等も用いて予測可能性を高め受入国の財務管理等能力を強化すること、オーナーシップ強化、革新的な財源の検討（特別引出権（special drawing rights）の配分）が主張された[103]。

そして、以上の他に、適切な場合には債務免除も有効な、持続可能な対外債務管理の必要、通貨、金融、貿易システムの一貫性の確保といったシステム問題への対応の必要が主張された。また、後者の一環として、実効的かつ公平な途上国の参加も含む、国際金融アーキテクチャーといったグローバル経済ガバナンス改善の必要性が強調された[104]。

（3） 援助調和化への関心の増大

開発援助の実効性を改善し、MDGsの達成に寄与するために政策、手続き、実践の調和化を図るために、援助機関の長、IMFの代表、援助受入国等が集まり、調和化に関するハイレベル・フォーラム（High-Level Forum on Harmonisation）が二〇〇三年二月にローマで開催された。そして、「調和化に関するローマ宣言（Rome Declaration on Harmonization）」が採択された[105]。

ローマ宣言では、援助主体の要求手続きの多様性とその全体が非生産的な取引費用を生じさせており、パートナー国（援助受入国）の限られた能力を費消させていることを懸念するとともに、援助主体の実践が各国の開発優先順位、予算、計画サイクルと合致しないとの認識が示された。そして、そのような事態に対処するために、各国のオーナーシップ、政府のリーダーシップを重視する国別アプローチ（country based approach）が重要であるとされた[106]。その上で、具体的に以下のような活動にコミットすると宣言された[107]。

①貧困削減戦略を含めたパートナー国の優先順位に合致した開発援助の確保。
②各国各機関の政策、手続、実践を見直し、調和化を促進。
③各国の状況を考慮しつつグッドプラクティスを実施。
④各国レベルでの権限を委譲した上での協力を強化。
⑤組織内各レベルにおける調和化へのインセンティブの強化。
⑥各国がリーダーシップを発揮できるように各国の分析を支援。
⑦各国主導の試みを拡大。
⑧援助主体のマンデートと合致し適切な政策等が存在する場合には、予算、セクター、国際収支支

援を提供。

その後、二〇〇五年三月には、パリにおいて、援助の実効性に関するハイレベル・フォーラム(High- Level Forum on Aid Effectiveness)が開催され、調和化に関するハイレベル・フォーラムにおいて採択されたローマ宣言のフォローアップを行った。援助の実効性に関するハイレベル・フォーラムでは、ローマ宣言でのコミットを再確認し、その上で、「援助の実効性に関するパリ宣言(Paris Declaration on Aid Effectiveness)」を採択した。

このパリ宣言は、指標、タイムテーブル(工程表)、ターゲットの具体的特定を行っており、管理のための手段としてローマ宣言よりも踏み込んだものであった。指標としては、以下の一二の指標が選択され、二〇一〇年が目標年次とされた。指標と指標ごとの具体的ターゲットは以下の通りである。なお、本宣言でも、援助受入国はパートナー国と呼ばれている。

①オペレーショナルな開発戦略：七五%のパートナー国がオペレーショナルな開発戦略を持つ。

②信頼性のある各国システム：aパートナーシップ国の半分がPFM(Public Finance Management)/CPIA(Country Policy and Institutional Assessment)で一段階上がる。bパートナーシップ国の三分の一がパフォーマンスを測定する四段階指標で一段階上がる。

③援助と各国の優先順位の連携：政府予算に計上されない援助を減らす(少なくとも八五%は予算

上に載せる）。
④調整された支援による能力強化：技術協力の五〇％は各国の開発戦略と合致する調整されたプログラムを通して実施する。
⑤a各国の調達システムの利用：援助主体比率—A（全ての援助主体がパートナー国の調達システムを利用する）、B（九〇％の援助主体がパートナー国の調達システムを利用する）。援助フロー比率—A（パートナー国の調達システムを使っていない援助を三分の二削減する）、B（パートナー国の調達システムを使っていない援助を三分の一削減する）。
⑤b各国の公共財政管理（PFM: Public Financial Management）システムの利用：援助主体比率—五＋（全ての援助主体がパートナー国のPFMシステムを利用する）、三・五—四・五（九〇％の援助主体がパートナー国のPFMシステムを利用する）。援助フロー比率—五＋（パートナー国のPFMシステムを使っていない援助を三分の二削減する）、三・五—四・五（パートナー国のPFMシステムを使っていない援助を三分の一削減する）。
⑥並行実施構造の回避による能力強化：並行プロジェクト実施ユニット（Project Implementation Units: PIU）を三分の二削減する。
⑦援助の予測可能性：スケジュール通りに資金供用の実行がされない援助を削減する。
⑧援助のアンタイド化：継続的進展。
⑨共通の取決・手続の利用：援助の六六％はプログラム・アプローチで提供する。

⑩分析の共有促進：ａ援助主体ミッションの四〇％を共同にする。ｂ各国分析の六六％を共同にする。

⑪結果志向枠組：透明性がありモニター可能なパフォーマンス評価枠組を持たない国を三分の一削減する。

⑫相互責任（mutual accountability）：全てのパートナー国が相互評価レビュー（mutual assessment review）を行う。

また、上記のような指標及びターゲットのモニタリング・システムとしては、各国レベルで進展することが重要であるとされ、適切な各国レベルのメカニズムを利用すべきであるとされた。また、国際レベルで宣言の中期的モニター・メカニズムの設置も示された。

5　援助主体間調整と知的リーダーシップ

本章においては、まず、国際援助活動の歴史的起源・原型を確認した。国際金融行政における一定の制度的支援枠組、国際連盟の下での経済社会分野等における技術協力活動、第二次世界大戦後のアメリカによるヨーロッパの復興のためのマーシャルプラン、植民地行政の中に埋め込まれた開発行政等において、様々な主体によって様々な制度・手法を用いて実験が行われてきた。

その後、ＩＭＦ・世界銀行による活動、国連とそれを基礎とした開発関係の国連諸機関による活動、発展途上国の開発を対象としたアメリカの一九五〇年代の「ポイント・フォー・プログラム」の活動、「相互安全保障」のための経済安定援助、旧植民地宗主国による植民地独立後の二国間援助活動等、現在の国際援助活動につながる多様な試みが開始された。しかし、多様な国際援助活動が一つのシステムとして認識されるようになったのは、ピアソン委員会の理論的活動やOECDのDAC等における国際援助全体の議論が行われた、一九六〇年代以降であった。

しかし、国際援助行政の構造的特質として、援助主体の多元性は残り、このような多元的援助主体間の調整・連携をどのように行うのかが、継続的課題となってきた。ジャクソン報告によって期待されたUNDPを核とするセクター横断的調整は実現されず、援助主体が過度に踏み込むのではなく受入国の制度建設・能力育成を進めることの重要性が認識され、さらに、ODAのような公的資金ではない民間資金移転の重要性が高まってきた。また、目的を限定した垂直ファンドによる資金調達と公私諸主体間連携の試みも見られた。そして、ODAの中でも、多国間援助の比率は一定程度にとどまり、二国間援助主体は重要な役割を果たし続けた。

このような中で、援助主体間の調整問題は、国際援助行政を運用する上での重要な課題であり続けた。当初は、グローバルなレベルでの調整は、OECDのDACにおける用語の定義や優先セクターの設定、若干の政策や規制の議論にとどまっていた。他方、具体的援助調整に関しては、受入国レベルでの様々な援助調整メカニズム（支援国会合やラウンドテーブル）が大きな役割を果たしてきた。

他方、近年の動きとして、グローバル・レベルでの調整を新たな政策手段により目指す動きが見られる。MDGs（ミレニアム開発目標）というグローバルレベルでの共通目標を用いて援助調整を試みるという仕組みや、調和化への具体的目標設定を試みる仕組みがその例に当たる。

ただし、このような方向性は必ずしも一次元的なものではない。例えば、ヨーロッパとアメリカでも向いている方向は異なる。ヨーロッパは、援助の調和化をEU（欧州連合）等の様々なレベルで主導し、受入国に対する条件も、共通のものを設定しようとしている。また、例えばイギリスなどは二国間援助の評価基準にもMDGsを正面から用いようとしている。他方、アメリカは、九・一一事件の後、二国間国際援助を大幅に増額し、共通目標としてMDGsにも一定程度コミットしているが、新たな援助チャネルとして設立されたMCC（Millenium Challenge Corporation）の供与対象国選定手続きにみられるように、単独主義的色彩を色濃く残している。さらに、DACに入っていない中国等の新興援助主体は、より独自な選好と制度・手続きを保持している。

そのような中で、どのように知的リーダーシップを発揮して、援助主体間調整の枠組構築あるいはその再編に寄与するのか、また、個別の調整が必要とされる現場でどのように影響力を発揮するのかは、主要な援助主体にとっては大きな課題であるといえる。

Ⅱ章　国際援助と受入国財政とのインターフェース

1　はじめに

本章では、国際援助と受入国の国内財政とのインターフェースについて分析を行う。国際援助の実施においては国内財政との関係が重要になる。

まず、手続的な調整課題が存在する。援助主体ごとの国際援助の意思決定サイクルと、受入国財政の意思決定サイクルとを調整する必要がある。年度予算の開始時期は各国で多様である。次に、個々のプロジェクト実施において、国際援助による資金と国内財政による資金（カウンターパート資金）が各々一定部分を分担する場合、調整が必要になる。また、一定のプロジェクトを国際援助案件とするか国内財政案件とするかには選択の余地があり、受入国の観点と援助主体の観点が異なることもありうる。後者の観点からは、しばしばファンジビリティー（fungibility：転用可能性）の問題として議論されるように、国際援助を提供することによって、受入国に生じた余剰財源が適切ではない目的（例えば軍事支出等）に用いられることは、望ましくない。さらに、受入国の国内財政のあり方は、汚職のあり方と関連していることもあり、受入国ガバナンス改革の対象として国際援助の条件とされることも多い。しかし、国内財政制度は長期にわたる実践の蓄積の上に成立しているので、これを短期間のうちに変革することはなかなか困難でもある。さらに、近年、援助の実効性の規定要因として焦点となっている受入国の制度建設やガバナンス改革の対象としても、受入国の財政管理能力は一つの鍵である。

組織的には、従来、国際援助の実施に際して、プロジェクト等ごとに独立したＰＩＵ（Project Implementation Unit：プロジェクト実施ユニット）を設置し、これが受入国内の通常の行政ラインから切り離されることも多かった。しかし、最近は、前述の援助調和化の議論の文脈の中で、ＰＩＵを受入国の通常の国内行政単位と統合することも求められるようになっている。このような文脈でも、国際援助と国内財政のインターフェースは重要である。

以下では、国際援助と国内財政のインターフェースのあり方について、具体的な各国の事例に即して分析する。まず、各国の財政・計画制度とその運用（予算策定等）について概観し、その上でこれらの国内財政・計画制度と国際援助の関係について検討する。各受入国の財政・計画制度の多様なあり方やその特質は、国際援助とのインターフェースを考える上でも重要になる。

具体的には、まず、東南アジア諸国から、タイ、フィリピン、インドネシアを取り上げる。タイは、比較的早い時期から受入国政府主導の援助調整が進められ、また、援助からの卒業も進みつつある。また、首相府予算局、財務省や国家経済社会開発委員会等によって構成される国内の財政・計画行政制度も比較的しっかりしていた。フィリピンは、支援国会合の下での援助調整が進められてきたが、援助への依存が現在でも一定程度続いている。また、NEDA・財務省・予算管理省を中心とする国内の財政・計画行政制度は存在するが、同時に議会が大きな役割を果たしている国でもある。インドネシアは、支援国会合の下での援助調整が進められてきており、歴史的に援助依存度がかなり高かった。その後、援助依存度はかなり下がってきたが、アジア通貨危機後に民間資金の国際的逃避が発生し、国内財政が国際的関心事項となった。国内財政・計画制度については、当初、経常予算と開発予算が財務省と計画担当部局によって分担管理されるという発展途上国にしばしば見られる仕組みをとってきた。しかし、このような分離は、一九九〇年代末の体制変動を契機に一元化されることとなり、議会の役割も強化された。また一貫して大きな役割を果たしていると思われる非公式財政にも特徴がある。このように、タイ、フィリピン、インドネシアは、国内財政に関して異なった制度配置と運用が行われており、これらは異なった課題を国際援助とのインターフェースに対して突きつけることとなっている。

また、比較対照例として、アフリカにおける援助調整と国内における財政・計画システムの改革の議論についても検討することとしたい。素材としては、国際的な議論の素材となることの多かったタンザニアを取り上げる。タンザニアを比較対照例とすることには、LLDC(後発開発途上国)という異なった経済状況にある国の事例を取り上げるという意味もある。

なお、時期的には、一九九〇年代中頃の各国のシステムを主として対象とするが、その後の変化についても、適宜取り上げる。

2 タイ

まず、援助受入国政府における援助と受入国財政の調整や援助調整が比較的うまくいってきたとされるタイの場合について、検討したい。

タイの国内財政・計画制度及び運用における主要な主体は、首相府予算局、財務省、国家経済社会開発委員会（NESDB: National Economic and Social Development Board）、首相府技術経済協力部（DTEC: Department of Technical and Economic Cooperation）であった。タイの経済計画に関してはNESDBが策定し、予算策定については首相府予算局が担う。また、国際援助とのインターフェースに関しては、技術協力に関しては首相府DTECが調整を担い、借款に関しては財務省が調整を中心的に担っていた。なお、現在では、DTECは、その役割が援助受入機関から援助提供機関へと変質し、名称もTICA（Thai International Development Cooperation Agency：タイ国際開発協力機構）へ変わり、現在は外務省の下に置かれている。

タイにおける国内行政システム構築の背後には、第二次世界大戦後のアメリカによる行政援助の遺産があった。政治的、安全保障上の理由によるアメリカの関与は一九五〇年代から始まった。具体的には、一九五〇年一一月に、経済・技術援助の受け入れと政府各部局の援助要求の調整機関としてタイ技術経済協力委員会（Thai Technical and Economic Cooperation Committee）が設立された(1)。このタイ技術経済協力委員会の機能は、後にDTECに引き継がれたと考えられる。また、一九五九年には、アメリカの援助による調査を踏まえて、国家経済開発委員会（National Economic Development Board：NEDB）と首相府予算局が設置され、予算手続法（Budget Procedure Act）が制定された(2)。NEDBは後に社会開発の側面も含めて担当するNESDBへと改組された。

国内財政・計画制度と運用

（1）　計画策定プロセス―NESDBを中心に

タイでは、国家経済開発計画は、一九六〇年代初頭から策定されている。第一次国家経済開発計画は一九六一―一九六六年の六年計画であったが、第二次計画以降は五年の計画となっている。第三次計画（一九七二―一九七六年）からは社会的次元が付加され、国家経済社会開発計画となり、第五次計画（一九八二―一九八六年）では農村地域の開発も課題となった。その後、一九九七年憲法が制定されたこともあり、第八次計画（一九九七―二〇〇一年）においては参加が重視された(3)。第九次計画（二〇〇一―二〇〇六年）は、計画策定において大きな役割を果たさなかったタクシンが政権を担うこととなったため、あまり拘束性を持たなかったようである。また、第七次以降の計画は、定性的なソフトなものへと変質していた(4)。

このような五ヵ年計画の策定主体となっているのはNESDBである。予算として検討される前提として、五ヵ年計画に位置づけられる必要があり、その限りでは、NESDBの役割は大きい。しかし、現在では、五ヵ年計画は詳細にプロジェクトを規定するものではなく、定性的なものであるので、実質的な拘束性は低い。確かに、個別の投資案件については、一〇億バーツ以上の全ての投資案件については、NESDBが承認することが必要とされている。しかし、案件を細分化することで承認の必要条件を免れているようであり、また、一〇億バーツを越える案件の場合に、首相予算局や閣議に直接持ち込まれる場合が増えているようである。(5)

ただし、国営企業の案件については、全てNESDBの承認を必要とするという原則は維持されている。(6) そして、近年では、危機時以外は、政府の直営案件よりも国営企業等による投資案件が、NESDBの扱う案件としては主要なものとなっている。また、形式的には、NESDB法の第一二条で、NESDBは公共の利益に合致しない実施中のプロジェクトを止める権限を持っている。実際に、一九九七年のアジア通貨危機の際には、チュアン首相はNESDBに一七件のメガプロジェクトの延期を求めた。(7)

全般的には、一九九二―二〇〇〇年の連立政権時には、NESDBの官僚はまだ一定の裁量を持っていたようであるが、その後のタクシン政権下ではNESDBの裁量が減少し、大型プロジェクトもトップダウンで決まるという側面が強かったようである。(8)

（2）予算策定プロセス――予算局を中心に

タイにおいて予算策定を主導する予算局は、首相府に設置されている。二〇〇六年現在、約八〇〇人のスタッフを抱えており、うち約六〇〇人が分析者（約三〇〇人横断（企画、評価）担当、約三〇〇人各省担当）、約二〇〇人が補助スタッフである。予算局長は、投票権は無いが、閣議でも意見を言うことができる。

予算サイクルは一〇月から九月であり、予算策定は以下のようなサイクルで行われる[9]。

①予算計画（二―三月）：マクロ政策について四者協議（Gang of 4：財務省、NESDB、予算局、タイ中央銀行）を行い、首相が非公式に各省にシーリングを課する。

②予算査定（四―五月）：各省と予算局との調整が行われる。まず、各省は予算要求と歳入見積もり（料金等について）を提出する。予算手続法第六条により、予算局長は各省庁に一定の書式に従った予算要求の提出を求めることができる[10]。その後、予算局は、四週間にわたって検討を行い、各省と協議する。さらに、四週間内部で検討を行う。その際、内部で、六つの委員会（一つは予算局長が議長、他は次長が議長）を設置し、内部で担当を入れ替えて相互にチェックを行う。このような査定を通して、平均約四〇%程度予算要求を減らす。ちなみに、一九九四年と一九九五年における削減率については、教育省が四七・七一%、四一・九%、公衆衛生省が二二・四一%、三五・五五%、道路省が三三・六九%、三五・四九%であった[11]。

③予算審議・採択（六―八月）：続いて、議会での予算審議が行われる。通常、下院での第一ヒアリングに三日、下院予算委員会における審議に八週間、第二ヒアリング、第三ヒアリングに計六日程度かかる。また、上院での審議に二〇日間程度かかる。予算審議の結果、年次予算法（Annual Budget Act）が成立する。議会での審議の結果予算が変化する割合は高くはない。例えば、二〇〇五年度予算の場合、変動は総予算の一・五％であった[12]。

④予算実施：予算実施は四半期ごとに行われる。一九九七年の金融危機の後、柔軟性が高められた。一九九九年からは、オーストラリアやニュージーランドの経験も入れて、NPM（New Public Management）的手法も試みられた。

なお、歳入、債務のモニターは財務省財政政策局（FPO：Fiscal Policy Office）の責任である。かつて、財務省は、歳入の過少見積もりを行ってきた。過少見積もりを行うことで、結果として財政余剰が生じ、健全な財政運営が行えるようにした[13]。また、援助資金の受け入れに伴うカウンターパート・ファンドの要求は、公式にはライン省庁から行われるが、財務省が取りまとめて情報を提示している。このような予算局と財務省の活動により、タイにおいては財政規律が保たれてきた。

また、タイにおいては、多くの場合行政府の予算案は尊重されたが、一九九五年予算において、総額九〇億バーツを三六〇人の議員にばらまき予算枠として配分した例に見られるように、一定の議会の力も存在した[14]。

国際援助と国内財政のインターフェース

（1） 借款管理プロセス――財務省を中心に

タイにおいては、一九八二年に対外借入法が成立し、対外債務委員会が借入額の一元的管理を行うようになった。対外債務委員会は、一九八四年に対外債務政策委員会（NDPC: National Debt Policy Committee）と改称し、総額シーリング決定に加え、政府・公社公団及び政府民間が共同で行うプロジェクトごとの借入計画に対する審査権限を付与されることになった。つまり、対外債務を伴う個別のプロジェクトについては、従前からのNESDBにおける審査に加えて、対外債務政策委員会の審査を受けることとなった。対外債務政策委員会は、毎年、次年度の枠の検討を行い、最終的には閣議決定を行った。しばしば、厳しいシーリングが設定された。

対外債務管理の事務局は財務省財政政策局であった。つまり、対外借入窓口は、首相府の下の予算局とは別であった。さらに、アジア通貨危機の後、債務管理が強化された。また、一九九九年一〇月財務省次官室の下に公的債務管理局（PDMO: Public Debt Management Office）が設置された。なお、対外借入に関して、国会承認は必要ない。ただし、二〇〇五年に初めて公的債務管理局が国会に報告を行った。[15]

公的債務管理局は、二〇〇六年三月現在、一三八人の常勤職員、約一〇〇人の非常勤職員により構成されていた。内部組織としては、政策企画課（その内、国際協力係は世界銀行、アジア開発銀行、国際協力銀行を担当)、プロジェクト融資課、国際金融課、国内金融課、支払業務課という五つの課が存在する。

次に、公的債務管理の年次サイクルは以下のように進む。

①一一月に各省に提案を求める。
②各省は三月に要求を提出する。
③五月ごろに関係機関によるワーキンググループ(議長・公的債務管理局長)を設置する。ワーキンググループには、公的債務管理局、予算局、財政政策局、NESDB、財務省国営企業政策室が参加するが、セクター別のライン省庁は参加しない。
④九月あるいは八月にPDMPC(Public Debt Management Policy and Supervisory Committee)において議論する。
⑤九月までに対外債務政策委員会においてシーリングを決定する。その後、セクター別、プロジェクト別に枠を決定する。
⑥一〇月に閣議決定を行う。なお、借入承認に議会の役割はない。

なお、債務管理政策として、持続性確保の観点から、債務総計をGDPの五〇%以下とし、新規債務を予算支出の一五%以下とするという方針が定められている。対外債務政策委員会における二〇〇五年のシーリングは一〇億ドル、二〇〇四年のシーリングは九億ドルであった[16]。ちなみに、一九八〇年代の半ばにも、一〇億ドルという借入シーリングが設定されていた[17]。また、関連法を統合して、二〇〇五年二月に債務管理法（Debt Management Law）が成立し、様々な定義規定等が置かれるとともに、軍等各機関が個別的に行ってきた債務管理が一元化された。また、世界銀行、アジア開発銀行、国際協力銀行といった援助主体と公的債務管理局との共同モニタリングの試みも行われた[18]。

（2） 技術協力管理プロセス――DTECを中心に

タイ政府において、技術協力に関する援助調整を担当してきたのは、首相府に所属するDTEC（Department of Technical and Economic Cooperation：技術経済協力部）であった。

DTECは、タイが受け取る技術協力の全ての側面に対して責任を持った。また、一九六三年からは、タイが行う技術協力も責任範囲とした。一九九三年の時点で、六〇以上の外国政府、国際機関と協議を行い、二億二五〇〇万ドル規模の数百のプロジェクトを管理していた[19]。

DTECは、組織的には首相府に設置され、約三〇〇人の専門職員により構成されていた。一九九三年時点で、内部組織は［表Ⅱ-1］のようになっていた[20]。

このように、援助主体の国別、地域別、機関別担当者が設置されており、援助主体の援助手続き等を熟知していたという。また、関連の委員会として［表Ⅱ-2］に記載のものが設置されていた。

運営においては、まず、五ヵ年計画である技術協力計画（TAP：Technical Assistance Plan）が

表Ⅱ-1　DTEC 内部組織（1993 年）

部局名	役割
政策企画部	計画・プログラム課，プロジェクト分析課，監理評価課
対外協力部 1	アメリカ，カナダ，オーストラリア，NGO 担当
対外協力部 2	西ドイツ（当時），国連，EC 等及びヨーロッパ担当
対外協力部 3	タイ国際協力プログラム及び日本担当
テスト・トレーニング部	海外研修，留学志願者の審査等担当

表Ⅱ-2　DTEC 関係委員会

委員会名
DTEC 委員会（議長：DTEC 担当大臣）
事業小委員会（議長：DTEC 局長）
技術協力計画小委員会
フェローシップ配分小委員会
プロジェクト協定小委員会
ユニセフ・プログラム小委員会

ＤＴＥＣにより作成された。この技術協力計画はマクロ部分とミクロ部分から構成される。マクロ部分は、同じ五年間の国家経済社会開発計画に対応して作成され、技術援助の基準・政策が示される。また、ミクロ部分においては、セクター別（社会開発、環境、科学技術、エネルギー、生産、マーケティング、雇用創出、農村開発）計画が示される。セクター別計画には、各援助主体との交渉の結果も反映されていた。

次に、技術協力計画を基礎に、個々のプロジェクトの決定、実施が行われる。これは以下のような段階を経る[21]。

①プロジェクト同定：執行を行う各省庁が需要の認定に基づき提案を作成し、ＤＴＥＣに送る。その際、技術協力計画の関連部分に言及する。

②プロジェクト審査：ＤＴＥＣが審査を行う。そ

の際、プロジェクトは実行可能か、プロジェクトは技術協力計画に同定された需要を満たすものか、他の省庁のプロジェクトと重複しないか、当該省庁は十分なカウンターパート資金・人員を持つか、プロジェクトは持続可能か、といった基準からが検討される。また、援助主体の政策、当該資源のタイでの現地調達の可能性、外国からの投入と現地での投入の比率、省庁ごとの割当といった点も考慮される。手続的には、以上の条件を満たしていれば、DTECは提案を技術協力計画小委員会（Sub-commitee on the Technical Assistance Plan）に提出する。技術協力計画小委員会には、外務省、財務省、予算局、NESDB、人事委員会事務局、DTECの職員が参加している。

③プロジェクトの援助主体への提出：技術協力計画小委員会で承認された案件は、当該プロジェクトに最も資金提供してくれそうな援助主体国の大使館に提出される。援助主体との年次協議の場やその他の日常的接触の機会に提案が行われる。

④プロジェクト誕生：DTECは、執行するタイの省庁と援助主体が、詳細なプロジェクト協定やMOU（Memorandum of Understanding）を作成するのを支援する。そして、協定やMOUが正式に援助主体とDTECの間で署名される前に、プロジェクト協定小委員会における合意が必要とされる。

⑤プロジェクト執行・プロジェクト監理：DTECの職員は多くのプロジェクトの運営委員会に参加する。また、DTECが書類を書き、執行機関が六ヵ月ごとの報告を提出する。問題が起これ

ば協議を行い、DTECは調停者として行動する。

⑥プロジェクト評価：プロジェクトが終了するとDTECがインパクトを評価する。援助主体が独立の評価チームを送る場合には、DTEC職員がリソースパーソンとして補助する。

以上のように、DTECは技術援助の一括管理を行ってきた。プロジェクト同定、執行は各省庁に任せてきたが、プロジェクト審査や援助主体との仲介に関しては、DTECが中心的な役割を果たしてきた。また、問題が起きた際の援助主体と執行機関との間の調停者としても機能した。さらに、DTECは、監理にも参加し、評価を行ってきた。そして、内部での調整機能を果たしてきたのは、DTEC政策企画部長が議長となるタスクフォース（各援助主体担当課が出席していた）であった。最終的には、技術協力計画小委員会において決定された。そして、プロジェクトの審査においては、技術協力計画との整合性、実施可能性、援助主体の可能性、国内での調達可能性等が考慮されていた。

その後、タイの経済発展が進む中で、タイが被援助国から援助国へと色彩を変えるとともに、DTECの再編成が行われた(22)。まず、二〇〇二年一〇月に、DTECの所属先が、首相府から外務省に移転になった。そして、二〇〇四年一〇月にDTECはTICA（Thai International Development Cooperation Agency）と名称を変更した。その後二〇〇五年九月より新組織体制が発足した。全体で五部門体制となり、人員数は一二〇—一三〇人に減った。組織構造は［表Ⅱ-3］の通りである。

表Ⅱ-3　TICA 内部組織（2004年）

部局名	役割
パートナーシップ局	中国・日本の地域協力，欧州，米国・カナダ・シンガポール，日本二国間受入担当
プロジェクト調達特権局	援助実施に係る特権・免税担当
開発協力局	技術協力提供担当
人材開発局	研修等の人材育成担当
局長室	評価広報担当

（3）援助調整

タイにおいては、一九八〇年代前半には世界銀行による大規模な構造調整プログラムが実施され、世界銀行の役割も大きかった。その後、一九八〇年代後半は、世界銀行の支援は分析援助へと移行し、また、全体的には日本からの援助比率が増大していった。

一九八〇年代初頭には、援助調整の場としては、支援国会合（Consultative Group）とDAG（Development Assistance Group for Thailand）が存在していた。参加メンバーはほぼ同じであったが、支援国会合は世界銀行が議長であるのに対して、DAGは受入国が議長であった。また、DAGの事務局はUNDPバンコク事務所が務めていた。そして、DAGは支援国会合の前に開催され、一定の議論が行われたのに対して、支援国会合はむしろ説明と正当化の場であった。また、タイのUNDP事務所は、DTECの関連部門とも密接に協議を行い、国別計画を策定していた。例えば、タイUNDP第五期国別計画は第七期国内経済社会開発計画に対応するものであった。

しかし、現在では、援助の規模も減少しているため、常設の援助調整メカニズムは久しく存在せず、アドホックな試みのみとなっている[23]。例えば、津波の際にはＵＮＤＰが調整の試みを行っていたが、情報・意見交換程度のものであった。また、メガプロジェクトについては、別途、世界銀行、アジア開発銀行、国際協力銀行で連絡会を行っている。

また、世界銀行では、ＣＤＰ（Country Development Partnership）という、信託基金を利用したタイ政府の政策分析技術支援を行っている。ＣＤＰでは、六セクター（環境、社会的保護、金融、貧困等）について分析支援が行われ、セクターごとに関連省庁を巻き込んだ省庁間委員会が設置されている。間接的には援助調整にも寄与しているといえるが、その程度は低い。

小括

以上、タイの財政・計画制度とその運用（予算策定過程）及び国際援助との関係について概観してきた。ここでは、最後に、タイの特質と思われる点について述べておきたい。

第一に、計画の縛りは緩いものとなっている。現在では、五ヵ年計画は詳細なプロジェクト規定するものではなく、定性的なものである。現在でも、個別の投資案件については、一〇億バーツ以上の全ての投資案件については、ＮＥＳＤＢが承認することが必要とされているが、実質的にバイパスする事例も増えているようである。

第二に、タイの場合は、国内案件と国際援助案件の扱いが相対的に明確に分離されている。国内案件に関しては、首相府予算局が中心的役割を果たしているのに対して、国際援助案件については、首相府ＤＴＥＣと財務省が中心的役割を果たしていた。また、技術協力と借款案件でも手続きが分離されていた。技術協力案件についてはＤＴＥＣが中心的役割を果たし、借款案件については財務省が中心的役割を果たしてきた。そして、借款案件に関しては、財務省の主導の下、閣議決定で厳しいシーリングを設定してきており、財政規律を確保する基礎となってきた。

第三に、議会の関与も相対的に小さかった。例えば、借款案件に関しては、議会の同意は不要であった。ただし、二〇〇五年には、財務省公的債務管理局が、対外借入に関して初めて国会に報告を行った。

3 フィリピン

次に、フィリピンの財政・計画制度と運用（予算策定過程等）及び国際援助とのインターフェースについて検討する。

行政府において、財政・予算策定に関与する主要な組織としては、ＮＥＤＡ（National Economic Development Authority：国家経済開発庁）、財務省（Department of Finance）、予算管理省（DBM: Department of Budget and Management）が存在する。[24] これらのうち、ＮＥＤＡは、長期・中期計画の策定準備、投資プロジェクトの決定準備、援助プロジェクトに関する援助主体との調整を担い、財務省は、歳入計画策定、国営企業の管理、徴税・支出の事務を担い、予算管理省は、予算配分の決定、予算実施の決定、人事管理（給与、職階等）を担う。

以上の機関の主たる役割は決定準備であり、決定には［表Ⅱ-4］のような各種の省庁間の合議体

表Ⅱ-4　フィリピン省庁間会議

会議名	メンバー
NEDA ボード	議長・大統領，副議長・NEDA 長官，財務大臣，予算管理大臣等
DBCC	議長・予算管理大臣，共同議長・NEDA 長官，財務大臣，中央銀行総裁等
ICC—CC	議長・財務大臣，共同議長・NEDA 長官，予算管理大臣等
ICC—TB	各実務レベル—議長・NEDA，共同議長・財務省，予算管理省等

が関与してくる。特に、日常的にも、予算の大枠に関してはＤＢＣＣ（Development Budget Coordination Committee：開発予算調整委員会）が、援助プロジェクト（FAPs：Foreign Assisted Projects）等の投資プロジェクト（大型のものに関しては国内資金によるものも含む）に関してはＩＣＣ（Investment Coordinating Committee：投資調整委員会）が決定主体である。なお、ＩＣＣには、閣僚レベルのＩＣＣ—ＣＣ（Cabinet Committee）と実務レベルのＩＣＣ—ＴＢ（Technical Board）が存在する。

また、アキノ政権誕生後の一九八七年に改正された憲法に規定されているように、議会の役割も大きい。

〈憲法第六条：立法府〉

第二四節：全ての歳出、歳入あるいは関税、公的債務の増加に関する法案……は排他的に下院によってつくられなくてはならない。ただし、上院も修正案を提出したり、それに同意したりすることができる。

第二五節（一）：大統領によって勧告された、予算に特定された政府活動のための歳出を議会は増加することはできない。

ただし、「増加することができない」という条項が、同一の金額の上限の中での組み替えを許容するものなのか、それとも予算項目の増加自体を否定するものなのかについては争われている。

国内財政・計画制度と運用

（1）　計画策定プロセス―NEDA・ICCを中心に

計画策定において中心的役割を担うNEDAは、マルコス政権下で一九七二年に設立された。その後、アキノ政権の成立により、一九八七年にNEDAは改組され、マルコス政権期に比べた場合、その力は落ちたといわれている。

NEDAについては、閣僚レベルの会議であるNEDAボードとNEDA事務局とを峻別する必要がある。ただし、通常NEDAといえばNEDA事務局をさす。一九九〇年代半ばの時点で、NEDAの組織は、［表II-5］のように、国家開発局、地域開発局、中央支援局の三つに分かれていた。国家開発局は国レベルでの開発計画策定等の中心となり、地域開発局は基本的には各地域に事務所を構えて各地域における開発計画策定の中心となり、中央支援局はこれらの活動を支援する。

フィリピンでは、経済開発計画としては、中期六ヵ年計画（MTPDP: Medium-Term Philippine Development Plan）を策定している。この六年という期間は、大統領任期である六年に対応している。

この計画策定準備の中心となるのは、NEDA国家開発局のNPPS（National Planning and

Policy Staff：国家計画政策スタッフ）である。ここが経済のマクロ的枠組の検討を行う。ただし、人が少なく若干分析能力等が弱体化しているようである。また、各セクターに関しては、国家開発局の各セクター部門（農業、貿易・工業・公益事業、インフラストラクチャー、社会開発の四部門）が中心となる。資金調達の予測も行うのであるが、このうち、外国資金調達に関しては、以下述べるように国家開発局のＰＩＳ（Public Investment Staff：公共投資スタッフ）が予測を行う。

表Ⅱ–5　NEDA 内部組織

部局名
国家開発局
国家計画政策スタッフ
農業スタッフ
貿易・工業・公益事業スタッフ
インフラストラクチャースタッフ
社会開発スタッフ
公共投資スタッフ
地域開発局
中央支援局

計画案は最終的にはＮＥＤＡボードの承認を得ることになる。議会の承認を受けるものではない。ただし、この中期計画はセクターごとの大枠の目標を設定するものであり、毎年の予算に対して拘束性の強いものではない[25]。

また、中期開発計画に対応して、中期公共投資計画（MPIP：Medium-Term Public Investment Programme）も策定されている。これも、投資計画のアイディアのみを基本的には記載したものであり、具体的プロジェクトのリストになっているわけではない[26]。ただし、構造調整期であった一九九三年には、プロジェクトのリストもあった。例えば、ＣＰＩＰ（Core Public Investment Programme）というものが作成された。これはＮＥＤＡが勧告として作成し、予算管理省が利用した。具体的には、外国援助プロジェクト、電力等のエネルギー関連プロジェクト（当時の緊急の課題であった）等がＣＰＩＰに含まれ、優先された。更に、大統領の選択によって、フラッグシップ・プロジェクト／プログラムを優先するという制度が採用された[27]。

ある一定の基準以上のプロジェクトは、ＩＣＣによって承認されなければならない[28]。ＩＣＣの事務局となるのはＮＥＤＡの中でも特に国家開発局のＰＩＳである。

（２）予算策定プロセス―財務省、予算管理省を中心に

フィリピンの会計年度は一月一日から始まる。そして、予算編成は、例えば一九九五年度予算の場合、以下のような日程で行われた。

〈一九九五年予算策定日程[29]〉

一九九三年一一月：ＤＢＣＣによるマクロ・ターゲットの設定

同年同月：ＤＢＣＣ及び閣議が概括的な一九九五年予算プログラムを承認

同年一二月：予算コール（Budget Call）の告示

同年同月：予算方針等について予算管理省と各省庁の協議

一九九四年一月：各省庁が詳細な予算提案を予算管理省に提出

同年一月―三月：技術的予算ヒアリング

同年三月―四月：査定

同年四月：一九九五年予算の大統領と閣議による承認
同年六月：最終的数字の確定
同年七月：予算の議会への提出

以上のようにかなりの長期間をかけて予算案策定が行われる。このうちの鍵となる過程は、一月から四月にかけての、予算管理省主導による技術的予算ヒアリングとその後の査定である。また、日程は年度によって異なるようである。一九九八年度予算に関しては、以下のような日程が予定されていた。

〈一九九八年度予算策定日程予定[30]〉
一九九七年二月：予算コールの告示
同年同月：予算管理省と各省庁等との予算フォーラム
同年同月：予算管理省と各省庁とのベースライン予算に関する対話
同年三月：予算提案（ベースライン予算以外に関して）提出
同年四月：技術的予算ヒアリング
同年四月―五月：予算管理省による査定
同年六月：大統領、閣議への報告

同年七月：大統領への提出
同年同月：議会への提出

このように、七月末には議会に予算案が提出されるわけであるが、前年度内に成立するとは限らない。例えば一九九七年度予算の成立は、一九九七年にずれ込んだ。また、最近では、よりずれ込む傾向にある。(31)

なお、議会において最終的に成立した予算は、予算法（GAA：General Appropriation Act）という形式をとる。

以上のような予算策定過程で大きな役割を果たすのは、財務省と予算管理省である。予算策定過程における財務省の主たる役割は、歳入の予測であり、財政政策計画局、歳入局、関税庁、財務庁が担当している。

予算管理省の組織は［表Ⅱ-6］のようになっている。予算配分の中心となるのは、総括的役割を果たす予算プログラム局と各セクター等を管轄している各予算財政局である。各予算財政局は、いわば、主計官的機能を果たしているといえる。

まず、毎年の予算作成の前提となる歳入予測は、財務省財政政策計画局が行う。(32) 歳入予測に関しては、IMF・世界銀行等によって、しばしば、過大予測が意図的に行われるということが指摘されてきた。(33)

表Ⅱ-6　予算管理省内部組織

グループ・部局名
政策グループ
予算計画調査局
マネジメントグループ
組織・生産性改善局
給与・職階局等
予算準備コントロールグループ
予算プログラム局
予算財政局E（公企業担当）
予算財政局F（外国援助プロジェクト，大統領緊急基金等担当）
予算実施グループA（地域調整サービス等担当）
予算実施グループB（個別分野担当）
予算財政局A（インフラ担当）
予算財政局B（経済，農業担当）
予算財政局C（社会担当）
予算財政局D（公務員，議会担当）
特別サービスグループ

実際には、議会による予算の実質的修正が増大しており、また、各ライン省庁による圧力も強いため、予算決定段階では財政規律が十分に効かないので、予算実施段階で、予算管理省が中心となり予算配分の「矯正」を行うことが必要となっている面があったようである。そして、その「矯正」の手段として、過大歳入予測が使われるとされる。つまり、歳入を過大に見積もっておけば、実施段階で歳出の削減が必要になるので、どれを切るかをめぐって行政府の裁量が与えられるというわけである。

歳入予測に続く予算策定過程は、予算管理省が中心となって進めていく(34)。予算策定の前提となるマクロ目標を設定し、セクター別省庁別等の配分の大枠を提示するのは予算管理大臣が議長を務めるDBCCの役割である。マクロ・ターゲットの設定に当たっては、基礎となる情報を各機関から得る必要がある。例えば、インフレ率、成長率に関するデータはNEDAが提供し、利子率、為替、貿易収支のデータは中央銀行が提供する。

次に、予算コールは、DBCCによって決定された大枠に基づいて、予算管理省が各省庁等に対して告示するものである。その中には、前提となるマクロ・ターゲット、予算枠組、予算要求に際してのガイドライン、予算要求の書式等が提示されている。

一九九〇年代前半までは、配分は一括して行われていたが、一九九〇年代半ば時点では、配分は二つの段階を通して行われていた。第一段階はベースライン予算の作成である。これは、基礎的活動を行うための最低限のレベルを設定するものである。これは、さらに、省庁ベースライン（既に埋まっているポスト分の人件費、前年度を基礎にインフレ分を補正した維持管理費等）、政府ベースライン（給与の調整分等の政策の変化に伴うコスト、緊急基金等）、外国援助プロジェクト・ベースライン（当年度の実行予定分に基づいて決定）の三つに分かれる。第二段階は、各省庁からの提案の点数評価に基づく残余分の配分である。フラッグシップ・プロジェクト、当年度に完成する国内資金プロジェクト、完成した外国援助プロジェクトの管理経費、既存のインフラの維持経費、歳入を生む活動等が「第一優先順位の要求」として認められる。その上で、いくつかの基準に即して点数をつけて、点数の高いものを採択する。例えば、一九九八年度予算の場合、ベースライン予算に関しては、予算管理省と各省庁との協議が、一九九七年二月に行われた。そして、第二段階の残余分の配分に関しては、四月に技術的予算ヒアリングが行われることとなっていた。

予算実施管理も二段階によって行われる。[35] 第一段階は、契約チェックである。これには、二種類ある。GARO（General Allocation Release Order：年の初めに包括的に承認されるもの）とSARO（年度の然るべき段階で承認のいるもの）である。予算が認められたとしても、GAROやSAROが発せられない限り、契約を行えない。第二段階は、支出チェックである。これは、具体的には、NCA（Notice of Cash Allocation）というかたちで発せられる。契約が行われたとしても、NCAがなければ、支払を行うことができない。いずれにしても、予算が認められた後でも、予算管理省はこの契約チェック、支出チェックを通して、予算の実質的配分を操作することができた。

（3）議会の役割―CDFと「議会イニシアティブ」

フィリピンでは、議会の役割は他の発展途上国と比べても相対的に大きいと思われる。議会に提出される予算書も比較的詳細である。マルコス政権期には議会の役割は制限されていた。そのため、アキノ政権が成立すると、議会は様々な方法で影響力の拡大をはかりだした。具体的なメカニズムとしては、CDF（Countywide Development Fund）と「議会イニシアティブ（Congressional Initiative）」があった。[36]

CDFは、各議員が一定の枠内で、自らが選択するプロジェクトを自らの選択する場所で実施することができるという制度であり、一九九〇年から一九九八年にかけて実施された。具体的には、地方の道路等のインフラストラクチャーや大学が好んで選択されていたようである。その後、一九九九年には、RUDIF（Rural Urban Development Infrastructure Fund）、食料安全保障プログラム基金（Food Security Program Fund）等三つのファンドに分化するが、二〇〇〇年にはPDAF（Priority Development Assistance Fund）に再度統合される。量的には、一九九〇年代にはCDFは平均で年間約二三億ペソ、一九九九年は三つのファンドで総計約五〇億ペソ、二〇〇〇年はPDAFで約三三億ペソ、二〇〇二年はPDAFで約五六億ペソであった[37]。このような議会の裁量性の高いCDFをどのように管理するのかというのは重要な課題として認識され、「CDF Watch を創設すべき」といった提案も行われた[38]。

前述のように、憲法第六条第二五節（一）には「大統領によって勧告された、予算に特定された政府活動のための歳出を議会は増加することはできない」と規定されているが、「増加することができない」という条項が、同一の金額の上限の中での組み替えを許容するものなのか、それとも予算項目の増加自体を否定するものなのかについては争われていた。行政府側は項目も増やせないという主張を行ったが、立法府側は総額を増やせないだけであり、項目の入れ替えは可能であるという主張を行った。そして、実際に、議会側は行政府の予算案から一部の項目をカットし新規の項目を追加する「議会イニシアティブ」を実行していた。例えば、組織経費をカットしてその分を公的改善ファンド（必要な農民への生業支援、奨学金等）にまわすという決定、外国援助プロジェクトである環境関連森林プロジェクトを削減し道路・橋等のインフラ整備に振り替えるという決定、債務償還費を削減して他にまわすという決定等が議会によって行われた。

また、「議会イニシアティブ」の結果、追加される予算項目はしばしば曖昧なランプサムな項目となった。例えば、議会の承認した予算書をみると、「地域プロジェクトを含む様々なインフラストラクチャー（Various Infrastructures including Local Projects）」、「緊急の洪水コントロール（Urgent Flood Control）」といった曖昧な項目がみられるが、予算管理省によればこれらは「議会イニシアティブ」の結果であるという。これらの予算項目の実施の際には各省庁が裁量的に箇所付け等を行うのであるが、この裁量行使の際には、当該担当省庁は「議会イニシアティブ」に「貢献」した議員に配慮せざるをえないこととなる。

CDFと「議会イニシアティブ」の結果、予算のマクロの配分はどのように影響を受けていたのであろうか。これについては大統領提案予算と議会承認予算とを比較した資料が存在する。二〇〇〇年には、議会は約五〇二億ペソ削減し（約一五八億ペソ省庁から、約三四四億ペソ特別目的ファンドから、海外援助プロジェクトの支援基金も含めて）、約三八二億ペソ（約一〇二億ペソ公共事業道路省へ、約一七二億ペソ特別目的ファンド（うち約三三億ペソはPDAF）へ等）増加させた。また、現地ファンド・プロジェクトへの分配増大、海外援助プロジェクトへの分配削減、教育文化体育省への約一九%削減、農業省への約三〇%削減、交通通信省への約四三%削減、保健省への約六六%削減、内務地方自治省への約八四%削減を行った[39]。

（4） 予算・計画過程の改革

二〇〇〇年頃から、予算管理省は公共支出管理改革を主導し、ＰＥＭＩＰ（Public Expenditure Management Improvement Program）の下、予算計画、予算実施、モニタリングの連携を図った。具体的には、ＭＴＰＤＰ（Medium Term Philippine Development Program）、ＭＴＰＩＰ（Medium Term Public Investment Program）、予算の連携も強化した。[40] ただし、ＭＴＰＩＰには資金額を書き込んでおらず、ＭＴＰＤＰには中期的支出枠組につながるような経費予測が含まれていなかったため、なかなか連携は進まなかった。[41]

そのような中で、ＭＴＥＦ（Mid Term Expenditure Framework：中期支出枠組）の導入が二〇〇〇年度の予算コールにおいて試みられた。また、ＯＰＩＦ（Organizational Performance Indicator Framework）が導入された。[42] 二〇〇〇年度の予算コールにおけるＯＰＩＦは、ＭＴＰＤＰの目標へインパクトを与えたアウトプット、アウトカムの報告を求めるものであった。その後、二〇〇二年度の予算コールではセクター・アウトカム、サブセクター・アウトカム、組織アウトカムの報告がそれぞれ求められるようになった。[43]

同時に、セクター支出マネジメントも進展した。ＳＥＥＲｓ（Sector Effectiveness and Efficiency Reviews）が実施され、予算管理省は三年分の省庁別ベースライン予算シーリングを含む通知を発出した。その結果、二〇〇三年度予算コールでは、省庁は、二〇〇四年度、二〇〇五年度の支出見積もりの提出も求められた。[44] ＳＥＥＲｓの実施に際しては、ＮＥＤＡが主導し、予算管理省が支援を行った。NEDAと予算管理省は共同ガイドラインを出し、各省庁がSEERsを行い、それらをNEDA、予算管理省が査定するというプロセスがとられた。

国際援助と国内財政のインターフェース

(1) 国際援助と国内財政の統合的管理

フィリピンにおいては、基本的には、国際援助案件も国内財政案件と同様の枠組で管理されてきた。また、技術協力案件と借款案件の明確な管轄上の差異も存在しなかった。そのような意味で、国際援助と国内財政の統合的管理が行われているといえる。しかし、運用上、特に議会との関係をめぐって課題が生じていた。

国内資金調達は財務省の役割であるが、外国資金調達については、NEDAが実質的役割を担ってきた。具体的には、NEDA国家開発局のPIS（公共投資スタッフ）が各援助主体と連絡をとり、資金調達可能性に関する評価、見積を行うということになっていた。担当のPISの組織には、投資計画課と国際資金調達課が存在し、後者は、多国間係（UNDP、ADB等を担当）、二国間係東(日本等を担当)、二国間係西（アメリカ等を担当）というように、援助主体別に組織されていた。

手続的には、外国援助プロジェクトも予算の対象となる。そして、その前提として、五〇〇万ドル以上の外国資金を利用するプロジェクトは、予めNEDAが事務局を担っていたICCによる承認を得ておかなくてはならない。その上で、外国援助プロジェクトに関しては、カウンターパート・ファンドの部分だけではなく、外国資金融資部分も予算に計上する必要がある。予算計上の仕方としては、継続分については各省庁の予算の中に埋め込まれる（援助主体名も明示される）。新規分については、外国援助予算支援基金（Foreign Assisted Budget Support Fund）というランプサム・アカウントが設定され、ここを通して支出される。

このような手続きをとるために、実質的には、外国援助プロジェクトに関する議会の関与の仕方が課題となる。前述のように、議会は行政府の予算案から一部の項目をカットし新規の項目を追加する「議会イニシアティブ」を実行していた。その際、外国援助プロジェクトが一部カットの対象となる場合もある。外国援助プロジェクトが対象になった場合、削減された分だけ支払実行の当該年度分を少なくして、全体として予定が遅れるということもあった。その場合は、援助主体も影響を受けることになる。また、債務償還費がカットの対象となった場合、行政府は認めることができないので、大統領が拒否権を行使し、結局総額が増えることになった。

また、一九八〇年代半ば以降、フィリピンにおいては、一〇〇億ドルという債務シーリングが設定されていた。しかし、一九九六年にシーリングは廃止された。そして、かわりに、ODA法（Official Development Assistance Act: Republic Act 8182）が制定された[45]。そして、ODA法の中で、外国援助プロジェクトに関して「議会による事前承認（prior approval by Congress）」が要求されることになった。それに対して、ラモス大統領は拒否しなかったが、憲法上大統領には対外借入権があるので、議会の事前承認条項を無視するという態度をとった。NEDAは、当初、予算（この中には見返り資金分のみならず対外借入分も含まれている）の承認で「議会による事前承認」に代替することを考えていた。しかし、援助主体等の中に、そのような措置では不安であるという声があったため、法務省の主導で、予算書に別途プロジェクトリストを載せることで対応することにされた。その後、しばらくこの法律は休眠状態にあったが、二〇〇五年には、有力議員が当該法担当の委員長になり、活性化し始めているようである。[46]

他に、外国援助プロジェクトの実施体制に関する問題もある。例えば、プロジェクト・スタッフの相対的高給の問題がある。実際、大部分の海外援助プロジェクトは通常の行政チャネルから独立したPIU（Project Implementation Unit）、PMO（Project Management Office）を通して実施されているようである。そこで、フィリピン政府はPMOを合理化するタスクフォースを設置し、各省に、単一のあるいは統合されたPMOを作る、機関ごとの合理化戦略を実施する、PMO合理化に関する政策ガイドラインを発出するといった勧告を行った。[47]

（2）援助調整

フィリピンにおいては、従来、支援国会合が実施されてきた。支援国会合においては、世界銀行が議長であり、フィリピン政府（財務省）が共同議長であった。

その後、二〇〇五年三月の支援国会合準備過程において、第一に、支援国会合への参加を広げ、市民社会、研究者、民間企業、議会代表といった他のステークホルダーを巻き込むことにはメリットがある、第二に、支援国会合は継続的な対話プロセスの一部であり、単なる年次イベントではない、という方向で世界銀行とフィリピン政府の意見が一致した。そして、ステークホルダー間で実質的な政策対話を行い、コンセンサスとコミットメントを作る場として、PDF（Philippines Development Forum）が設置され、二〇〇五年三月に第一回会合がダバオ市で開催された。

PDFにおいては、フィリピン政府が議長、世界銀行が共同議長であった。また、公式のPDFの間において、テーマごとのワーキンググループによる継続的討議が行われることとなった。そのためのワーキンググループのテーマとして、MDGsと社会発展、成長と投資環境、経済財政改革、ガバナンスと汚職対策、分権と地方政府、持続可能な地方開発、ミンダナオの七つが設置された(48)。

この第一回PDFは、従来の支援国会合とは変わっていた。開発パートナーの準備済みのステートメントや事業プログラムの議論ではなく、双方向対話と開発課題に関する議論に重点が置かれ、資金供与約束のセッションはなかった。具体的なテーマとしては、経済財政改革における公共セクターの歳入増に向けた方策等が議論された(49)。第二回PDFは、二〇〇六年三月に開催された。このPDFでは、フィリピン政府及び開発パートナーのパリ宣言へのコミットに呼応して、調和化と実効性について討議された(50)。

小括

以上、フィリピンの財政制度、計画プロセス、予算策定過程および援助との関連を概観してきた。ここでは、最後に、フィリピンの特質と思われる点について述べておきたい。

第一に、国際援助案件も国内向けの計画や予算の対象に含まれている。そのため、国際援助プロジェクトに関しても議会の検討の対象とされた。ただし、ODA法の運用状況等を見ると、国際援助プロジェクトについては、国内案件に比べれば相対的には行政の自律性が高かったといえる。また、実施に関しても、国際援助案件は完全に統合されているわけではなく、PIU、PMOの自律性が高かったようである。ただし、近年は調和化の試みも強化されている。

第二に、計画はあるがそれほど拘束性の高いものではなかった。最近特にNEDAは弱体化する傾向にあるようである。近年、MTEFの導入に伴い、NEDAの役割強化の試みもあったが実は結んでいない。他方、予算決定段階や実施段階では、予算管理省の役割は大きい。

第三に、会計制度に関しては、単一会計の原則をとっており、発展途上国でしばしば見られる開発予算と経常予算のような公式の区別（あるいはそれと連動した担当省庁の分断）はない。しかし、統計上は経常支出と資本支出の峻別をしており、査定手続きにおいても経常経費分等はベースラインとして区別する枠組がつくられている。

第四に、議会の役割が大きい。予算は議会によるGAA（General Appropriations Act）の採択により成立するのであり、議会に提出される予算書も比較的詳細である。そして、CDFやその後継の仕組み、あるいは「議会イニシアティブ」によって議会の優先順位を反映される仕組みもつくられている。そして、このような議会の行動は、国際援助の実施にも影響を与えている。

第五に、援助調整に関しては、支援国会合が活用されてきたが、近年、それがPDFへと展開し、受入国の役割が強化されるとともに、資金提供約束の確保と切り離されつつある。

4 インドネシア

ここでは、インドネシアの財政・計画制度とその運用及び国際援助との調整プロセスを検討する。行政府において、財政・予算策定に関与する組織としては、財務省（Ministry of Finance）とBAPENAS（Baden Perencanaan Pembangunan Nasional: National Development Planning Agency：国家開発企画庁）の二つが存在する。従来、財務省は主に歳入と経常予算を担当し、BAPENASは五ヵ年計画と開発予算を担当してきた。予算のマクロフレームに関しては、財務省が主導して決めていた。マクロ政策には、中央銀行も一定程度関与していた。

スハルト体制崩壊以前においては、インドネシアでは予算過程は行政府主導であり、議会の力は弱かった。国会に提出される予算書も概括的なものであった。また、インドネシアにおいては、財政が一定程度国際援助に依存してきた。外国援助（インドネシア政府はこれを開発歳入と呼んでいた）が全歳入（国内歳入＋開発歳入）に占める割合は、一九八四年以降、約二〇％程度を維持してきた。しかし、その後一九九〇年代半ばにはその比率が減少し、一二―一三％程度となった。例えば、一九八四年には一七・九四％、一九九〇年には二〇・三三％、一九九二年には一八・三四％であったが、一九九六年度予算では一三・七％、一九九七年度予算では一二・九％に減少した。ただし、一九八〇年度後半には外国援助比率は一時的にかなり高かった。一九八六年には二六・二八％、一九八八年には三〇・二八％であった[51]。

国内財政・計画制度と運用

（1）計画管理プロセス――ＢＡＰＥＮＡＳを中心に

インドネシアでは、一九五八年に、国家計画庁（DEPERNAS: Dewan Perancanaan Nasional）が設立された。それを母体として、一九六三年にＢＡＰＥＮＡＳ（国家開発企画庁）が設立された[52]。ＢＡＰＥＮＡＳは、主に計画を担当する省庁として、一九六九年以来、国家開発五ヵ年計画（ＤＥＰＥＲＮＡＳ）を策定してきた。また、二五年の長期計画も策定してきた[53]。そして、国家開発五ヵ年計画は、一九六九年から一九七三年までの第一次五ヵ年開発計画から一九九四年から一九九八年までの第六次五ヵ年開発計画に至るまで六回策定されてきた。一九九七年時点でのＢＡＰＥＮＡＳの組織は［表Ⅱ-7］の通りであった。

五ヵ年計画策定において中心的役割を果たすのは、財政金融担当の第一次官の下の部局である。個別セクターの分析は第二、第三、第四次官の下の部局が担う。また、援助主体との調整、財務省との調整等の調整実務は第七次官、第六次官の下の部局が担当する。

表Ⅱ-7　BAPENAS 内部組織

組織分担
総括
財政金融担当一第1次官
連携
対外協力（国際援助調整）担当一第7次官
財政担当（国内財源調達）一第6次官
セクター
経済（工業，農業，貿易，労働）担当一第2次官
インフラ（交通，通信，水利灌漑，電気）担当一第3次官
人的資源（宗教，社会福祉，人口，科学技術）担当一第4次官
地域
地域（援助と開発地域，都市開発・住宅，村落開発）担当一第5次官
内部管理
内部管理担当一第8次官

インドネシアにおける五ヵ年計画はレペリタ（REPELITA）と呼ばれてきた。これは、マクロ経済的目標を設定し、政策の重点を定めるものであって、個別プロジェクトの累積ではなかった。[54]計画策定過程は五年ごとに行われた。まず、国民協議会（MPR：Majelis Permusyawaratan Rakyat：People's Consultative Assembly）において、国策大綱（State Guideline）が策定された。これは、今後五年間の政策方針を示したものであり、これに基づき行政が五ヵ年計画を策定した。レペリタは直接的に毎年の予算決定に影響を及ぼすわけではないが、様々な政策の正当化の根拠として利用されることとなる。

スハルト政権からハビビ政権において、長期計画、中期計画とも大統領令により定められていた。しかし、ワヒド政権およびメガワティ政権により策定された五ヵ年計画はPROPENAS（Program Pembangunan Nasional）と呼ばれ、はじめて法律により定められた。[55]一九九九年国民協議会臨時総会において、今まで大統領と政府が策定した五ヵ年開発計画の策定プロセスに対し、今後は大統領、政府と議会が協力して策定する体制に移行することをワヒド大統領が宣言し、従来の五ヵ年計画に取って代わる開発計画を策定するための「国策大綱に関する一九九九年国民協議会決議第四号」が定められた。これにより、開発計画策定プロセスを民主化し、透明性を確保することを目的としていた[56]。

その後、メガワティ政権においては、後述の二〇〇三年財政法（二〇〇三年法第一七号）が策定され、BAPENASが所管していた開発予算も含めて財務省が一元的に管轄することとなった[57]。それに対して、二〇〇三―二〇〇四年にかけて、BAPENAS側で国家開発計画策定のスキーム全体に対して法的基盤を与える国家開発計画システム法案を作り上げた。二〇〇四年二月に国家開発計画法案は議員立法法案として国会本会議に上程され、メガワティ大統領の任期ぎりぎりである二〇〇四年一〇月五日に、「国家開発計画システム法」（インドネシア共和国法二〇〇四年第二五号）となった。同法において、国家開発計画システムの目的は、下記のように規定されてきた[58]。

①開発ステークホルダー間の調整。
②地域間、異なる時間間、政府の様々な機能間、中央政府と地方政府の間の調整において、統合、同時性、シナジーの創出を保証すること。
③計画、予算、実施、監理の間のリンケージと整合性を保証すること。
④国民の参加の最大化。

⑤効率的、効果的、かつ公正な計画と及び資源の持続的活用。

そして、計画体系は、長期計画（二〇年）、中期計画（五年）、短期計画（一年）の三本立てで構築されることとなった。このうち、長期計画については国会を通して法律で定めることとされ、中期計画及び短期計画については、大統領令に基づいて定めることとなった。その結果、中期計画に関しては、再び法律の根拠は不要となった。

また、計画の主体についても規定された。中央ではＢＡＰＥＮＡＳ長官が長期、中期、短期の計画を作成することとされ、地方では、州別に設置されているＢＡＰＥＤＡ（Baden Perencanaan Pembangunan Daerah：地方開発企画庁）が開発計画を策定することとされた。そして、トップダウンではなく地方を含めた国民各層、各地域の声をいかにボトムアップで吸い上げ、中央の計画に反映させていくかが重要とされ、そのための場として、開発計画会議が重視された。

なお、二〇〇四年一〇月にユドヨノ政権が発足すると、一二月末以降中期計画の策定が早急に行われ、メガワティ時代の新五ヵ年計画素案を基礎に、二〇〇五年一月には大統領令により中期計画（二〇〇五—二〇〇九年）が策定された。また、二〇〇五年一月からは、二〇〇六年度年次計画作りも行われ、五月にユドヨノ大統領が二〇〇六年年次計画に署名した。(59)

（2） 予算策定プロセス――財務省とＢＡＰＥＮＡＳを中心に

二〇〇一年度までは、インドネシアの会計年度は四月から始まっていた。また、近年までは、インドネシアの予算策定は、経常予算と開発予算に分かれて行われてきた。一九九〇年代半ばの予算編成は、一般的には、以下のような日程で行われていた。

〈旧予算策定日程〉

［経常予算］

事前：シーリング設定

七―八月：各省庁がＤＵＫ（Daftar Usulan Kegiatan：経常予算提案）を財務省予算総局に提出

その後、財務省予算総局が主導して査定

［開発予算］

四―五月：各省庁等においてＤＵＰ（Daftar Usulan Proyek：開発予算プロジェクト提案）を提案

四―五月：第二レベル地方政府レベルで協議会合

六―七月：第一レベル地方政府レベルで協議会合

八―九月：国レベルで財務省及びＢＡＰＥＮＡＳによる査定

一〇―一一月：国レベルの協議会合で決定―セクターへの配分の議論（プロジェクトレベルの議論

はない)

[マクロ決定]

パブリックセービング(開発予算の国内分)(＝国内歳入－経常支出)の予測

九月：財務省、BAPENASの間で暫定的調整

一一月末－一二月：最終的調整

[行政府予算案の確定]

一二月末：閣議決定

一月初旬：大統領予算演説

[国会]

一－三月：審議

[詳細予算]

一－三月：ライン省庁と財務省、BAPENASで協議

三月中：DIK(Daftar Isian Kegiatan：経常予算活動計画)、DIP(Daftar Isian Proyek：開発予算活動計画)を作成

[公示]

四月一日：各機関に提示

五－六月：詳細なプロジェクトのリストを含む本(イエローブック)の発行

以上のようなインドネシアの予算編成過程の最大の特色は、年明けの一月から三月にかけて、議会における予算の審議と並行して、財務省、ＢＡＰＥＮＡＳを中心に詳細なプロジェクトレベルの予算の検討が行われることであった。逆にいえば、議会において討議の対象となる予算は概略的なものであった。

その後、二〇〇二年度以降、会計年度は一月からとされた。それに伴い、議会における予算審議は八月から一一月頃にかけて行われるようになった[60]。また、スハルト政権退陣後、議会の予算案策定への関与は大きくなった。その結果、以下のような日程になっているようである[61]。

〈現行予算策定日程〉

二月：ＢＡＰＥＮＡＳ年次開発計画準備及びマクロ経済予測準備

二月：議会予算委員会、ＢＡＰＥＮＡＳ、財務省のスタッフで検討チーム構築（七月まで種々の検討）

三月：年次開発計画閣議に提出（一度もしくは数回議論）。その後、開発予算、経常予算に関する予算通知を発出。

五―七月：ライン省庁における経常予算準備

七月：ライン省庁から財務省予算総局への経常予算案提出

八月：予算総局は経常予算のシーリングを設定。以降、ライン省庁は詳細経常予算策定

八月：議会に政府が予算提案―大統領予算演説。二ヵ月間の検討

一〇月以降：予算成立

以上のようなインドネシアの予算策定プロセスにおいて大きな役割を果たすのは、財務省とBAPENASである。財務省は経常予算策定において中心的役割を果たし、BAPENASは開発予算策定において中心的役割を果たした。予算の基礎となるマクロ予測については、財務省とBAPENAS等が分担してきた。BAPENASとの関係でみた場合、一九九〇年代半ばには既に財務省の力が強まっているといわれていた。

財務省の具体的役割は、マクロの予測（財政金融分析庁が担当）、歳入管理（税については租税総局、関税・消費税総局、石油ガス収入等については金融機関総局が担当）、経常予算策定（主に予算総局が担当）、予算実施であった。

他方、BAPENASの組織は前述の通りである。BAPENASは、開発予算の策定を分担するとともに、五ヵ年計画と単年度予算のつなぎを行っていた。そして、毎年の開発予算の策定（援助総量の見積を含む）において中心的役割を果たすのは、財政金融担当の第一次官の下の部局であった。

まず、国内歳入の予測は、予算全体の枠を検討する上での前提となり、それに基づくパブリック・セービング（国内歳入―経常歳出）の予測は開発予算の国内分を規定した。財務省における歳入予測

の取りまとめは財政金融分析庁が行った。また、租税総局による経常歳出の見積とあわせて、財政金融分析庁はパブリック・セービングの予測を行った。この過程では、BAPENASとも調整した。他方、援助量の見積については、財務省はBAPENASから情報を得ており、開発予算の総量を見積もることができた。

経常予算の策定は財務省が自ら行っていた。[62]事前に、財務省は、シーリング設定を行っていたが、各省庁はあまりいうことを聞かなかった。経常予算に関しては、各省庁がDUK（経常予算提案）を財務省の予算総局に提出した（コピーをBAPENASに送った）。提出されるのは例年七―九月であるが、提案量は可能な額の二―四倍に上っていたという。査定は、予算総局が主導してトップダウンで行った。人件費に関しては、全体でゼロ成長なので推計がほぼ機械的に可能であった。ただし、各省間での人員の配分は、一―二月に予算総局、公務員担当省が各省と協議して決めた。物件費に関しては、予算総局が裁量的に決定することが可能であり、一律カット等の手法を用いて査定した。

このようにして決められた経常予算案は、開発予算案とともに、一二月末に閣議決定され、一月に大統領によって発表された。そして、国会における審議と並行して、詳細な検討が行われ、この過程で、DIK（経常予算活動計画）が準備された。

次に、開発予算策定に関しては、BAPENASが分担していた。[63]各省庁は、まず、DUP（開発予算プロジェクト提案）をBAPENASに提出する（コピーを財務省予算総局にも提出する）。そして、開発予算策定に関しては、BAPENASの主導によるトップダウン型の調整と下からの協議によるボトムアップ型の調整が併用された。まず、トップダウン型調整としては、BAPENASが五ヵ年計画から年次目標を作成し、各省に対する具体的指示を行った（九―一〇月）。他方、ボトムアップ型調整としては、協議会合を各地方団体のレベルにおいて開催した。国レベルの協議会合の前に、BAPENASが各省庁にトップダウンの指示を行うというタイミングになっていた。

前述の各レベルの協議会合の参加者は、地方政府、ライン省庁（これには地域代表を持つものもある）等であった。BAPENASが人を送ることもあった。この段階で、各地域出身の議員との協議が行われることもあった。また、実質的にはこの段階で各ライン省庁との調整が行われている場合も多かった。また、協議の対象は、セクター別配分だけではなく、特定プロジェクトに関する事項も含まれた。

以上のような過程を経て、開発予算案が策定された。なお、開発予算総額に関しては、国内歳入の予測、経常歳出の予測、援助主体からの援助（開発歳入）の予測という三つの予測に基づき推計を行った。この推計は、財務省とともに、九月に暫定的に行い、一一月末から一二月にかけて最終調整を行った。

一月の大統領予算演説とそれに続く国会でのセクター別等大枠の国会における議論と同時進行するかたちで、一―三月にかけて、詳細な予算の検討が行われた。具体的には、セクターごと（省庁の単位とは別）に交渉の場が設定され、BAPENASが議長としての役割を担った。この過程の中から、プロジェクトの具体的内容に関する、DIP（開発予算活動計画）やOG（Operational Guideline）

が作成された。その検討結果に基づき三月末までに地域への配分も決定された。

予算実施に関しては、開発予算を含めて財務省がＯＧに基づいて行うこととなっていた。予算を実施するには、これまでに述べてきたＤＩＫ、ＤＩＰを準備した上で、各省庁がＳＫＯ（Letter of Authority for Payment）あるいはＳＰＰ（Request for Payment）を財務省に対して出し、財務省がそれに対してＳＰＭ（Payment Order）あるいはＳＰＭＵ（Cash Payment Order）を出すという手順を踏まなくてはならない。従って、ＳＰＭ、ＳＰＭＵを出す段階で、財務省予算総局が一定の裁量を行使することになった[64]。

また、二〇〇二年度以降、会計年度が一月からになった後、予算執行が遅れる場合も出てきている。例えば、二〇〇五年度予算については、財務省内の組織再編もあり、九月の時点で予算の四分の一しか執行されていなかった[65]。

これまでも述べてきたように、予算案は一月以降国会で討議されてきた。ここでの議論は、公式的にはセクター別配分等に関する予算の枠組のみを対象とする。個別のプロジェクト等は触れられないことになっていた。しかし、一九九〇年代の半ばには、既に、若干状況が変わりつつあったようである[66]。かつては国会には集計データのみが提供されたが、一九九〇年代半ばの時点で、大統領予算提案の附属書として、多少詳しいデータが提供されるようになっていた。また、国会のセクター別委員会を通して、例えば公共事業省の場合にも、プロジェクトのリストを非公式に提供するようになっていた。また、国会における特定化された質問に対しても、行政側も個別的事項に関して答えるようになってきた。国会の役割は、一九九九年以降は、さらに増大していると思われる[67]。

(3) 準財政活動

インドネシアにおいては、正規の予算にはのってこない、準財政活動、いわゆるオフバジェット活動の規模が大きい。準財政活動には様々な種類がある。一九九〇年代半ばの時点では、大きく四つの類型があったと思われる。

第一の類型は、中央銀行の信用供与である。インドネシアにおいては、中央銀行自身が準財政活動を行っていた[68]。つまり、中央銀行は、毎年ほぼ一定の規模で、政府プログラムを支援するための中央銀行による流動性信用の供与を行っていた。この配分は中央銀行総裁が決定するものであり、例年前年の一二月末までに事前に配分を決定した。この配分は、各省庁による活動計画の提示と信用配分要求を基礎に行われた。具体的には、食糧配分計画や低所得者向け小規模住宅といったプログラムに信用供与されていた。信用供与額は毎年二—三兆ルピアであり、供与総額は一八—二〇兆ルピアに上っていた。

第二の類型は、各省庁の非公式特別会計である。各省庁の非公式特別会計にもいくつかの種類がある。まず、比較的公式化されているものとしては、歳入のあった場所で直接歳出にまわすことができるという、サワダラ制度がある。宗教省の婚姻料金、あるいは病院の料金等がそれにあたる。次に、存在は公であるが、その活動総額も配分対象もわからないものがある。例えば、鉱業・エネルギー省が採掘に伴ってとっている料金による基金や再植林財団がそれにあたる。林業省管理の再植林財団（Reforestration Fund）は、森林伐採に際して徴収した料金をためて運用するというものである。配分決定は、林業省が行うが、最終的には大統領が決めるということになっていた。これが「発見」されたのは、一九九〇年代半ばにこの再植林財団の資金を旧東独からの潜水艦購入に当てたことが明らかになったからであった。「発見」以後、ある部分を税外歳入として国庫へ納入するようになった。その国庫納入の規模は二〇〇〇億―五〇〇〇億ルピアであるといわれていた[69]。この財団の規模に関しては、様々なことがいわれておりはっきりしなかった。例えば、現地の新聞であるジャカルタポストは、一九九五年一二月時点で総額二・六兆ルピア＋金利七九六〇億ルピアという数字を報道した[70]。また、中央銀行の持っている数字としては、一九九五年一〇月のデータとして、一・一三九兆ルピアという残高の数字が存在した[71]。再植林財団の運用・配分については、ほとんどわかっていない。

また、非公式の投融資制度とでもいうべきものも存在する。例えば、民間に貸し付けた援助資金の償還分を貯めて、再度貸し出すための仕組みである特別開発基金（Special Development Fund、あるいはInvestment Fundと呼ばれる）がそれにあたる。これは、大規模であり、一九九五年一〇月の中央銀行統計によれば、五・七〇二兆ルピアの残高があったという[72]。

第三の類型は、政府の関与する民間財団の利用である。大統領あるいは各省が主導して、形式的には任意の民間財団を設立し、事実上各企業等に強制的に支出を求めるという方法は、頻繁に使われてきた。例えば、貧困対策ファンドの例をあげることができる[73]。貧困対策ファンドは、高額納税者に税引き前利益の二％の寄付を貧困対策のために求める一九九五年一二月の大統領令に基づいて、設立されたものである。当初、年間二五〇〇億ルピアの寄付を予定していた。そして、運用母体として、財団が設立され、議長にはスハルト大統領が個人の資格で就任し、スハルトの次男が財務責任者、当時の租税総局長が事務局次長となった。結局、同年九月の時点で目標を越える三二一〇億ルピアが集まり、配分方法として、各貧困家庭に当初二万ルピアを貸し付け、四ヵ月以内に返済するごとに貸付額を倍としていくプログラムが計画され、一一八〇万人分の起業資金の低利貸付が予定された。

第四の類型は、公務員の福利厚生財団である。インドネシアでは、公務員の福利厚生は十分ではない。例えば、病気、退職時の面倒、警官等の事故時の退職金等は不十分であった。そこで、社会福利厚生のための相互援助団体として「財団（Yayasan）」が設立されることとなった。[74]これは、各省庁で大臣級をかついでつくられるという。各省庁一つとは限らないのであり、四―五個あることもあった。競争を嫌う文化でもあるので、これらは共存していた。原資は、例えばプロジェクト経費の一〇％を受注した業者に「財団」に寄付させるといった方式をとっていたようである。あるいは、正規のものではない課徴金をとって、「財団」にプールするという方式もあるという。また、国軍におけるスディルマン財団（国軍司令部）、シリワンギ財団（西ジャワ軍管区司令部）のようなものの元来の目的も類似の趣旨であったと考えられる。[75]

これらの原資は、しばしば非公式的・非合法的方法によって調達されるが、それは個人が着服する単なる賄賂ではなく、各「財団」メンバーの福利厚生のためのものであるとされる。従って、メンバー間での一定の配分規範があるのであり、それを侵犯して「独り占め」すると他のメンバーから非難されることになった。以上の話からもわかるように、この類型の財団の存在根拠は給与・福利厚生の不十分性という構造的なものなのであり、単に対症療法的に改善可能なものではない。

以上のような様々な準財政活動の総計がどのくらいになるかについては、正確な推計は不可能に近い。以上のような状況に対して、一九九七年頃、財務省は、サワダラ、公企業、準財政活動へのコントロールを強めようと具体的立法を提案し、国会で議論していた。この、オフバジェット勘定の国家予算への移管法案の内容は、以下のようなものであった。

①財政規律の改善努力のために、全ての政府機関が徴収した税外収入を国庫に移管しなくてはならない。国家予算の勘定に計上しなくてはならない。

②税外収入の定義を法案に規定する。現行法に基づくものと将来徴収される可能性のあるものを規定する。

③全ての省庁、政府機関は収入を国家に納めなくてはならないことになるが、一部を環境保護、研究技術開発、教育訓練、保健、法執行等の公共サービスや開発目的のために割当てることも、認められる。つまり、一定の公式的特別会計を認める。

④対象となる事例は約一六〇個程度とする。

このような透明化のための法制をつくるにあたっては、会計士である当時の財務大臣のイニシアティブが大きかったといわれる[76]。

（4） 財政法の成立と予算・計画過程の変容

スハルト政権退陣後、BAPENASの役割の再検討が行われた。既に、財務省との関係では、権力は弱体化しつつあったが、その傾向が加速化された。

一九九九年には、ワヒド政権において、BAPENAS廃止の可能性が検討された。その後、二〇〇〇年に成立したメガワティ政権で具体的な検討が進み、BAPENASの権限を大幅に削減した国家財政法が二〇〇三年に成立した。国家財政法の主要内容は以下の通りである[77]。

①従来BAPENASは、財務省とともに「財政政策の基本とマクロ経済綱領」を作成してきたが、国家財政法第八条、第一四条により、この綱領の作成は財務省のみの権限となった。

②従来、予算は経常支出と開発支出の二つから成り立ってきた。しかし、国家財政法第一一条では、「人件費、物品支出、資本支出、金利、補助金、無償供与、社会援助及びその他の支出から予算が成り立つ」とされ、BAPENASが主管してきた「開発予算」という分類が消滅した。

③PROPENAS（二〇〇〇—二〇〇四年）に盛り込まれた財政計画と同法が整合的ではないとされ、今後は新たな財政計画システムとしてMTEF（Mid Term Expenditure Framework：

中期支出枠組）を策定していくこととなった。これを誰が策定するかは国家財政法の中に明確な規定があるわけではなかったが、基本的には財務省の権限とみなされた。

ＢＡＰＥＮＡＳ権限縮小の動きの背景には、メガワティ政権ブディオノ財務大臣の下で、財務省側の権限拡大の動きが強まったこと、一九九八年以降のインドネシア経済危機においてマクロ経済安定が政策的優先事項となり、マクロ経済安定に直接携わった財務省が影響力を高めたこと、があげられる。[78]

このような財政法の成立により、ＢＡＰＥＮＡＳの開発予算配分権限は財務省に吸収された。しかし、ＢＡＰＥＮＡＳの計画権限については、すでに見たように再構築が試みられた。ＢＡＰＥＮＡＳ側で国家開発計画策定のスキーム全体に対して法的基盤を与える国家開発計画システム法案を作り上げ、二〇〇四年一〇月に成立した。その結果、ＢＡＰＥＮＡＳの計画権限と財務省の予算策定権限の間での調整事項が残った。[79] 第一に、短期（年次）開発計画と財務省による予算策定との関係の調整が必要となった。財政法では「財政政策の基本とマクロ経済綱領」の作成は財務省の専管事項となっていたが、システム法では、年次開発計画をマクロ経済プランのドラフト作成（資金計画を含む）を含めてＢＡＰＥＮＡＳが行うことを規定していた。また、国家開発計画システム法第二五条においては、「年次開発計画は国家予算編成のガイダンスを与える」旨規定されていた。第二に、財務省によるＭＴＥＦ（三年）とＢＡＰＥＮＡＳによる中期開発計画（五年）、年次計画との関係の調整も必要になった。

国際援助と国内財政のインターフェース

（1） BAPENASと援助主体との調整――ブルーブックを中心に

BAPENASは、援助主体との調整という役割も担ってきた[80]。援助の総量見積等のマクロな調整は財政金融担当第一次官の下の部局の担当であるが（援助総量については、各国からのミッション等との接触の感触をもとに、BAPENASが一一月に見積を出していた）、個別の援助主体との調整は対外協力担当第七次官の下の部局が、マルチ担当・バイ担当にわかれて分担して行った。

援助調整の媒体となったのが「ブルーブック（Blue Book）」の策定過程である。ブルーブックとは、BAPENASが中心となって策定する、援助プロジェクトのショッピングリストである。援助プロジェクトが行われるためには、事前にスクリーニングを経て、このブルーブックに載せておかなければならなかった。これは、一九九〇年代半ばには毎年一月頃に出されていたのであるが、翌年度（四月以降）にプロジェクトを行うためには、事前にプロジェクトをブルーブックに載せておかなければならなかった。

ブルーブックの対象としては、プロジェクト援助及び技術援助の双方を含む。基本的には各援助案件の概要が省庁ごとに整理されて提示されている。セクター別にも整理されて提示されている。その際、援助主体名が明示されている案件とそうでない案件の双方があった。

ただし、ここに載せられている援助の総量は額でいうと毎年可能な援助量の三―四倍に上っていた。従って、ブルーブック採択段階で行われている選別はそれほど厳しいものではない。むしろ、検討は、その後の援助主体との協議、ＢＡＰＥＮＡＳと各省庁との協議の中で行われることとなる。インドネシア国内で調整がつかず、実質的選択を援助主体の意思に委ねている場合も多いようである。

このブルーブックが出される時期は、一九九三年以前は六月に行われることの多かった世界銀行主導の支援国会合（Consultative Group）の二週間程前であった。従って、各省庁が援助案件の案を出すのはその三ヵ月前である三月頃であった。しかし、一九九四年に、国会が予算審議に際して、援助案件に関してルピア部分のみならず援助部分も審議することを要求したため、議会における予算審議の段階である一月にブルーブックが出されるようになった。従って、各省庁は、開発予算に関してＤＵＰを中央でＢＡＰＥＮＡＳに出すのとほぼ同じく、一〇月に援助案をＢＡＰＥＮＡＳに提出することになった。提出された案を一一月にＢＡＰＥＮＡＳ、財務省、ライン各省庁で議論する。この際に選択の基準として使われる基準は基本的には国内案件と同じ基準であるが、援助主体の優先順位も考慮した。最終的には、一二月に準備が整った。

援助主体側からみた場合、以上のようなプロセスにはいくつかの注意すべき点があった。第一に、ブルーブックに載せてもらうためには、事前に七月頃からライン省庁と接触し、その総局長レベルの支持を得ておかなくてはならない。ただし、緊急の場合には、二月にブルーブックに追加という荒業も有り得る[81]。第二に、援助主体側と受入国側の手続きのズレの問題がある。例えば、日本の場合、案件は七月前後に決まるのに、その年に執行する分については、前年から四月にかけてのインドネシアの予算編成に埋め込んでおく必要があった。借款の場合は初年度の実行はあったとしても少額だが、技術協力の場合は当年度中に執行してしまわなくてはならない場合も多かった。ただし、何とかやりくりしていたようである[82]。

また、ブルーブックに載せておくというのは、必ずしも絶対の条件ではないようである。日本の場合、有償資金協力や技術協力に関して、ロングリスト方式がとられているが、ロングリストにある案件には、必ずしもブルーブックに入っていないものも含まれているようである[83]。

（2） 債務管理

経済危機により、インドネシアの対外債務は急増した。その結果、GDPに対する債務比率は二〇〇一年には一〇〇%近くになった。その後、比率は二〇〇五年には四八%、二〇〇六年には四二%となり、低下してきている[84]。

しかし、ユドヨノ政権は対外政務の削減を公約に掲げ、対GDP比四割強から三割へと債務を削減する目標を掲げている。その場合、対外債務が可能な額は、BAPENASの試算によると、年三〇億ドルから一五—二〇億ドルへと減少するため、一〇億ドルの一般財政支援分（三—四億ドル分世界銀行、一億ドル分アジア開発銀行、一億ドル分国際協力銀行等）を除くと、一〇億ドル程度しかプロジェクト援助分に残らないため、既存プロジェクトで手一杯になる恐れがあると指摘されている。その場合、ＢＡＰＥＮＡＳ内の二国間援助や多国間援助の資金協力の担当者間で、枠の取り合いになる恐れがある。また、このような債務管理の担い手として、財務省内に対外債務管理チームが設立された。(85)

（３）　援助調整

インドネシアにおいて、援助調整の国際的枠組は、スハルト政権成立後、ＩＧＧＩ（Inter-Governmental Group of Indonesia）として成立した。ＩＧＧＩは旧宗主国であるオランダが議長となり、一九六〇年代後半に設置された。その後、一九九二年に、東チモール問題を契機に、オランダが議長から降りた。そして、世界銀行が議長、インドネシア政府が共同議長として、ＣＧＩ（Consultative Group on Indonesia）が開催されることとなった。

ＣＧＩは、基本的に年に一度、開催されてきた。ただし、年によっては中間会合が年度の途中で開催されることもあった。また、古典的な支援国会合においては、開催地は受入国外であったが、ＣＧＩの場合、ジャカルタ等インドネシアで開催されることもあった。

二〇〇五年以降、インドネシアが議長となることになり、受入国の主導性が高まった。そして、第一四回は二〇〇五年一月に、第一五回は二〇〇六年六月に、いずれもジャカルタにおいて開催された。従来、支援国会合において資金支援約束を確保する前提となるファイナンシング・ニーズの説明は、世界銀行の担当者が行っていたが、二〇〇五年以降はインドネシアの財務大臣が行うようになった。

テーマとしては、その時期の重要課題が取り上げられてきた。例えば、三回の会合が行われた二〇〇三年には、分権化の帰結としてのインフラ・プロジェクトの欠如や実行の遅れといった分権化実施に伴う課題や、司法改革等のガバナンスの課題が取り上げられていた。

また、会計年度が一月開始となってからは、CGIは会計年度の始まる直前の一二月に開催されるのが理想的であった。実際に二〇〇三年は一二月にCGIが開催された。しかし、以後は、二〇〇五年は一月開催、二〇〇六年は六月開催と、ずれ込むことになった。また、CGIにおいては、金額が少ない援助主体の声が大きいとの批判もある。そのこともあり、実質的な主要援助主体間調整の場として、別途、世界銀行、アジア開発銀行、国際協力銀行とインドネシア側(BAPPENAS、調整大臣等)の協議の場が設定されている[86]。

小括

以上、インドネシアの財政・計画制度とその運用及び国際援助との関係について概観してきた。ここでは、最後に、インドネシアの特質と思われる点について述べておきたい。

第一に、スハルト政権下において、インドネシアでは予算過程は行政府主導であり、議会の力は弱かった。国会に提出される予算書は概括的なものであり、また、国会における予算審議と並行して詳細な予算策定が同時進行していた(逆にいえば詳細な予算過程から国会は切り離されていた)。しかし、スハルト政権後は、議会の力が強まっている。

第二に、従来、開発予算と経常予算が峻別され、開発予算に関してはＢＡＰＥＮＡＳが、経常予算については財務省が担当するシステムとなっていた。しかし、一九九〇年代半ばの段階で、既にＢＡＰＥＮＡＳの影響力は低下してきていた。他方、財務省の力は、一九九〇年代半ばには上昇していた。経済政策に関する非公式調整会議の座長をＢＡＰＥＮＡＳが失い、共和国顧問もＢＡＰＥＮＡＳのオフィスから財務省のオフィスへ移っていた。また、成長率をめぐる一九九七年一月の議論でも、ＢＡＰＥＮＡＳが七・八％主張したのに対して緊縮路線の財務省は七・一％を主張したが、結局、財務省の意見が通った。その後、二〇〇三の国家財政法の成立により、開発予算というカテゴリーがなくなり、予算作成が財務省に一元化されることにより、財務省の力はより強まった。ただし、二〇〇四年には国家開発計画システム法が成立し、計画プロセスに関してはＢＡＰＥＮＡＳが一定の役割を再構築した。

第三に、インドネシアでも計画は存在してきたが、五ヵ年計画はそれほど拘束性の強いものではなかった。政策選択の正当化の根拠として計画はしばしば持ち出されるが、実質的には毎年の予算作成に伴うプロジェクト選択によって決められていた。この点が、新たな国家開発計画システムの導入や中期的な枠組であるＭＴＥＦによってどのように変わるのかは課題である。

第四に、インドネシアにおいては様々な準財政活動が行われてきた。そして、これには、中央銀行の信用供与、各省庁の非公式特別会計、政府の関与する民間財団、公務員の福利厚生財団等の様々な類型がある。この点に関しては、スハルト政権後の様々な改革によっても、現在のユドヨノ政権下ではオンバジェット化の動きは見られるものの、それほど大きな変化はまだないようである[87]。

第五に、援助調整に関しては、一九九二年まではＩＧＧＩ、その後ＣＧＩが活用されてきたが、二〇〇五年以降、インドネシアの主導性が高められつつある。

5 タンザニア

これまで、東南アジア諸国における国内財政・計画制度及び運用と国際援助とのインターフェースの課題について検討してきた。ここでは、アフリカという異なった文脈における国内財政・計画制度と国際援助のインターフェースの課題について検討しておきたい。アフリカ諸国、特にサブサハラアフリカ諸国においては、国際援助の実効性を規定する要因として国内のガバナンスの改革の必要が指摘され、その具体的対象として国内の財政・計画制度が取り上げられることも多い。そこで、そのような一例として、タンザニアの事例について検討したい。

セクター・アプローチ

以下では、まず背景として、国際援助コミュニティーがアフリカ地域の国際援助実効性の問題の原因として何を考え、どのような対応を提案してきたかについて、概観しておきたい。主要な援助主体である世界銀行の内部においては、既存のプロジェクト・ポートフォリオや調整融資の成果に関する不満が高かった。そのような状況に対するアフリカ地域における一つの方法として、セクター・アプローチが提案された。以下、このような提案を行ったハロルド報告に基づいて、アフリカにおける援助の課題と、対応について整理しておきたい。従来の援助プロジェクトについては、以下のような問題が認識されていた(88)。

①プロジェクトごと援助主体ごとのアプローチの結果、政府のオーナーシップを損ない、事業の持続性に悪影響を与えている。

②適切に設計され実施されたプロジェクトは失敗の海の中の小島に過ぎない。「トリックル・ダウン」効果の証拠もない。

③経常経費が不十分であり、当初の海外技術援助が過剰であるために、プロジェクトの持続性が損なわれる。

④援助主体ごとに異なる、時には対立する戦略を受入国に強いている。

⑤援助主体ごとにアプローチや規則が異なるため、各援助主体はしばしば特別のプロジェクト・ユニットを設立する必要がある。これらのユニットは外国人や高額の給与に引き寄せられた受入国職員により構成される。

⑥セクターの直面している事業的課題の詳細と現実について踏み込んでいく必要を考えると、政策ベースの活動だけでは問題は解けない。特に社会セクターや貧困対策については、公共支出に関して詳細な点に注目する必要がある。

⑦援助主体の中には、国際収支支援から財政支援への移行を望んでいるものもあるが、適切な支援方法が少ない。

以上のような七つの問題への対応として、セクター・アプローチであるＳＩＰ（Sector Investment Approach：セクター投資計画）が提案された。ＳＩＰは、特に、援助が利用可能な資源のうちで占める比率の高いところで有用であるとされた。具体的には、ＳＩＰは以下のような基本的方向性を持つ。(89)

①活動範囲がセクター全体である。これにより、既存のプロジェクトはごく一部しか成功しないという「成功の小島（islands of success）」問題に対応することができる。
②一貫性のあるセクター政策枠組を持つ。公共支出プログラムはセクター政策枠組の実施への寄与に即して評価できなければならない。また、政策枠組の重要な要素としての公私セクターの役割分担がある。
③現地のステークホルダーを運転席につける。特に鍵となるのは様々な受益者との協議のタイミングである。
④全ての援助主体が関与する。各援助主体が主導して、並行的に、相互に矛盾するプロジェクト設計を行うことは避ける。ただし全援助主体といっても、現実的には、海外援助の八〇―九〇％を

提供する程度の援助主体を含むようにすればよい。

⑤可能な限り援助主体が共通の実施取決（会計、予算、調達、進捗報告に関して）を受け入れる。一つの推進方法として標準調達文書の作成と研修がある。

⑥長期海外技術支援（特に外国人専門家）の利用は最小限にとどめる。また、アフリカで一般的であるＰＩＵ（Project Implementation Units）の利用は、セクターアプローチとは両立しないため、順次廃止する。

このようなＳＩＰを実施するに当たっては、支出方式として、基本的には受入国に設定された特別会計（special accounts）を利用する。受入国の手続きの適切さに関する援助主体間の合意が不十分な場合には、援助主体ごとに別途サブ会計を活用する場合もあるが、最終的には単一のプロジェクト会計、共通支出手続が望ましいとされる。そして、当時の世界銀行では、融資可能なのは「追加的経費（incremental expenditure）」であったが、広範なセクター・アプローチの下では経常予算支援の新しいアプローチが必要になるとする。(90)

実際に、世界銀行融資の対象に、人件費を含む経常経費までを含めるようにするには若干の時間を要したが、二〇〇四年には世界銀行理事会が新たな政策フレームワーク（Ｒ二〇〇四―〇〇二六／一）を承認し、内部ルールを改正（ＯＰ／ＢＰ六・〇〇）することで、人件費を融資対象とすることが可能となった。

以上のような議論を背景に、タンザニアにおける具体的取組が進められていくこととなった。まず、タンザニアに関する国際的な課題認識と対応について検討し、その後、タンザニアの財政・計画制度とその運用・変化について、検討することとしたい。

タンザニアにおける援助行政課題の国際的認識と対応

(1) ヘレイナー報告

一九九三年から一九九五年にかけて、タンザニア政府と援助主体の関係が悪化していた。援助主体による輸入支援プログラムを用いた際に、内貨立てで積み立てるべき見返り資金を積み立てていなかったこと、汚職の疑いが高まったこと等がその理由であった。その結果、一九九五年二月の支援国会合では、援助主体は不快感を表明した。

しかし、タンザニア政府は、援助主体の要求はしばしば非現実的であり、汚職の問題は、他の発展途上国に比べて特に深刻であるわけではないと考えた[91]。確かに、タンザニアの構造調整は、一定程度成功した調整例といわれてきた。通貨切り下げ、財政規律強化の成績は、それまでは良好であった。また、改革による透明性確保の結果、汚職が明らかになっている面もあった。しかし、援助主体においても、国内財政事情の悪化に伴い予算削減に直面し、東欧、旧ソ連地域での追加的な援助要請に直面する中で、「援助疲れ」が進んでおり、また、北欧及びオランダの援助予算においてタンザニアの比率が高かったために、争点化することとなった[92]。

そのような援助主体とタンザニア政府との対立状況の中で、一九九四年四月にタンザニア財務省とデンマーク外務省の合意により、国際的名声のある経済学者のグループがタンザニアと援助主体国との開発協力に関して独立評価を行うことになり、一九九五年に報告書がまとめられた。評価委員会のメンバーは、ヘレイナー、キリック等により構成されており、このうちヘレイナーが議長を務めた。以下、報告書（ヘレイナー報告と略称）の認識・勧告を紹介しておきたい。

ヘレイナー報告では、汚職等をめぐる政治的対立を回避する意味もあり、援助主体調整と援助の実効性の問題に焦点が当てられた。現状の問題としては、約四〇の援助主体により約二〇〇〇のプロジェクトが実施されており、プロジェクトの調整されない増殖が起こっているとされた[93]。そのような認識に基づいて、前述のハロルド報告とも共通のトーンで、以下のような勧告が行われた[94]。

①タンザニア政府は、援助主体と協力して、プロジェクト実施の共通取決を決定し、並行的プロジェクト・マネジメント・システムの増殖を避けるべきである。

②手続調和化が必要である。

③各援助主体の国別計画と合意された優先順位の調和化が必要である。また、そのプロセスでは計画委員会と財務省が主導的役割を果たすべきである。また、開発支出の大部分はタンザニア政府を通して実施されないという問題（「直接ファンド」問題、特に技術協力と商品援助に関して）についても対応が必要である。

④タンザニア政府は国内外の資源のコミットについて情報を収集すべきである。「直接ファンド」の正確な額はわからなくても、一定の推計は提供されうるはずである。

⑤開発の中心的な調整機能はタンザニア政府が担うべきである。また、調整には、タンザニア政府と援助主体における政治的コミットメントが重要である。

⑥可能な限り、セクター大あるいはサブセクター・レベルのマスタープランを策定すべきである。この段階で様々な援助主体の関与が調整されることになる。

⑦新規援助と債務救済の支援の連携も図るべきである。

⑧タンザニア政府の長期戦略の信頼性を高めるために、政府収入、開発支出を安定化するべきである。また、援助主体は、ルールが許す限り、長期的コミットを行うべきである。

このように、援助調整の問題が焦点となった。そして、その対応の前提として、援助主体側がタンザニア政府のオーナーシップを尊重することが重要であることが強調された。その上で、援助主体側の基本的態度への注文として、以下のような勧告が行われた[95]。

①タンザニア政府は、ＰＦＰ（Policy Framework Paper）の最初のドラフトを作成する権利を主張すべきであり、国際金融機関もそれを尊重すべきである。

②二国間援助主体の業務文化を実質的に変えることが必要である。受入国の大蔵省統制を掘り崩す

ような行為は止めるべきである。

③オーナーシップを深刻に考えれば、現地の条件が満たされるまで援助を凍結すべきということになる。

他方、受入国たるタンザニア政府の責任も重大であり、開発ビジョンの構築や遅れがちな公務員制度改革を中心に、以下のような注文が出された(96)。

①公務員制度改革の実施は政治的オーナーシップとリーダーシップの成果でなくてはならない。

②効率向上策は選挙後の政府の最優先課題であるべきである。特に、予算の細分化、人件費の不透明性（例：手当が"other goods"という会計費目に入っているという問題）、予算推計の不正確性（例：一九九五年二月支援国会合では世界銀行の予算推計は議会に提示された予算と全く異なっていた）に関わる問題に対応すべきである。

③財務省の強化を行い、現実的な予算を作成し、正確な歳入予測を行い、厳格な財務管理を行う能力を高める必要がある。

④受入国政府は有能な援助調整ユニットを持ち、援助を優先セクターに誘導するとともに、全ての援助主体のプログラム等が開発予算に含まれるようにする必要がある。現在の社会セクター開発戦略は世界銀行と計画委員会の産物であり、他の援助主体の広範な経験を取り入れていない。

⑤社会セクター政策の設計には、実施の成功の可能性を高めるために、市民社会の参加が重要である。

⑥汚職が広がっているという援助主体の認識も踏まえ、大統領選挙後には信頼性回復のために、予算の透明性増大、支払いのない商品輸入支援等の精算、免税の監査、関税省の改革等の措置を、タンザニア政府は直ちに取るべきである。

ヘレイナー報告は、援助主体とタンザニア政府の関係が悪化した中で出されたわけであるが、最終的には両者の間を仲介するようなスタンスを取った。具体的には、勧告の最後において、タンザニア政府の迅速かつ実効的な財務コントロールの強化、抑制的かつ現実的な予算の提示を求める代わりに、援助主体の現実的かつ同情的な対応を求めた。そして、選挙支援支出については経済的効果もあるので迅速に提供すべき、最低限の条件が満たされたら非プロジェクト援助を再開すべきといった、タンザニア政府に同情的な主張を行った[97]。

(2) 国際的対応

ヘレイナー報告をうけて、一九九六年一二月には北欧諸国とタンザニア政府との間で「新北欧タンザニア開発パートナーシップ (New Nordic Tanzania Development Partnership)」が採択された。さらに、一九九七年一月には、より幅広い援助主体との間で「合意メモ (Agreed Notes)」が作成され、関係が正常化した。この合意メモについては、一九九九年三月に実施状況見直しが行われたが、全ての事項でかなりの進捗が見られたと評価された。ただし、援助主体ごとに並行的手続を要求しているという問題等重要な課題も残っているとされた[98]。

援助主体側の対タンザニア戦略としては、世界銀行の「国別支援戦略書（CAS：Country Assistance Strategy）」が存在していた。しかし、これにはタンザニア政府の関与が少なく、他の援助主体のアプローチも含まれていなかったため、援助主体共通の国家支援戦略書の必要性が認識され、「タンザニア支援戦略書（TAS：Tanzania Assistance Strategy）」の策定が試みられた[99]。これは、最終的に二〇〇二年六月に完成し、援助調整と受入国オーナーシップ強化のための枠組を提供することとなった[100]。

他方、一九九九年一一月の政府・援助主体会合での説明を契機として、PRSP（Poverty Reduction Strategy Paper）の導入が急激に進むこととなった。拡大HIPCs（Heavily Indebted Poor Countries）イニシアティブによる債務削減とリンクすることから、早急な作業開始が求められた。二〇〇〇年三月一四日に暫定PRSPが作成され、三月三一日にはIMFがPRGF（Poverty Reduction Growth Facility）の提供を決定し、世界銀行も四月四日の理事会で拡大HIPCsに関する決定を行った。その後、二〇〇〇年八月には最終PRSPの議会承認が得られ、一〇月には完成した。PRSPにおいては、公共分野改革における重要なステップはMTEF（Mid Term Expenditure Framework：中期支出枠組）であり、PRSPの優先事項についても次年度MTEFに十分に反映されるようにすべきである、という指摘も行われた。[101]

また、合意メモの見直しでも指摘された、タンザニアにおける手続の調和化については、二〇〇二年三月にUNDPが作成した調和化にかかる「原則」と「行動計画」に基づき、タンザニアのDAC援助主体会合（世界銀行とUNDPが交代で議長を務める会議）で集中的な議論が開始された。そこでは、以下のような議論が行われた。[102]

①共同のミッションを形成し、調査の数を減らす。

②調査団及び援助主体の活動時期を調整する。タンザニア政府にとり「静かな時期（Quiet Times）」を設けるなど、調査団の派遣時期や活動を調整する。

③報告書を援助主体間で共有する。

④援助の予測可能性を高めるため、海外援助を予算書に計上する。具体的には、統一の書式に基づいて外国援助を報告する。

⑤「サイレント・パートナー」や「アクティブ・パートナー」アプローチを導入する。前者は後者を通じて資金拠出を行い、後者のプロジェクト・サイクルに従う。

⑥DAC援助主体間で行動準則を定める。

⑦援助主体は参加するセクターをより選択する。

⑧PRSPレビューのタイミング／あり方を検討する。

⑨共同で分析作業を行う。
⑩タンザニアDAC援助主体会議で定期的議題として調和化を組み込む。
⑪OECD／DAC関連作業部会及びSPA（Strategic Partnership with Africa）の作業との整合性を図る。

タンザニアにおける予算策定過程及び財政管理の改革の試み

（1） 予算と援助を含む財務管理の初期条件

以上のような援助主体側の政策に対応して、タンザニア政府の予算策定過程及び海外援助も含めた財政管理は変化を遂げていくこととなる。ここでは、まず、タンザニアにおける予算と援助を含む財政管理の初期条件について確認しておこう。

第一に、一九九〇年代半ばまでに至る、タンザニアの歳入歳出動向は［表Ⅱ-8］の通りであった。総支出は歳入を大きく上回っており、支出と歳入の差の多くは国際援助によってファイナンスされていた。

第二に、開発予算と経常予算が峻別されていた。そして、開発予算については計画委員会が担当し、経常予算については財務省が担当していた。ただし、開発予算と経常予算の区別には不明確なところも多かった。例えば、一九九四年の場合、開発支出の四分の一は経常支出の性格を持っていたという[103]。また、開発支出の比率が高かったが、これは将来的な維持管理のための経常支出を十分に見ていないという問題を随伴していた。

（2） 予算制度・財政管理の改革

以上のような初期条件を前提として、また、前述の国際的対応を背景として、一九九〇年代半ば以降、予算・財務管理制度の改革が行われることになった。

第一に、開発予算と経常予算の整合性の確保が図られた。一九九七年初めに、財務省が計画委員会の持っていた開発予算策定権限を得ることとなった(104)。その結果、開発予算と経常予算という二元的体制は形式的には維持されたが、財務省が実質的には一元的に調整を行うことが可能となった。

第二に、現金予算（cash budget）制度が導入され、支出マネジメントが改善された(105)。現金予算システムは一九九七年に導入され、財務省が管理を行った。現金予算システムの下では、一ヵ月の支出は、それに先立つ三ヵ月間の歳入の平均にプログラム援助の額を加えたものに制限される。ただし、優先セクターについては優遇され、四半期ごとに資金のリリースが行われる。

このようなシステムが導入された結果、支出予測が現実的になり、

表Ⅱ-8 支出の動向（GDP 比）

	歳入	総支出	経常支出	開発支出
1986 年	14.9	23.1	19.2	3.9
1992 年	16.8	18.9	15.7	3.2
1993 年	12.8	23.8	18.7	5.0
1994 年	14.8	22.7	18.1	4.6
1995 年	14.5	21.4	17.6	3.8
1996 年	15.0	19.9	15.8	4.0

出典） World Bank, *Tanzania Public Expenditure Review*, 1997, p. 4.

赤字の管理には便利な手段であったといえる。しかし、特に援助については、予測可能性が低いという問題が残った。援助主体が資金提供をより前倒ししていかない限り、現金予算制度は有効に機能しないといえる。

第三に、一九九七年から年次のPER（Public Expenditure Review：公共支出レビュー）が導入された[106]。単発のPERは、既に、一九八九年、一九九四年にも実施されていた。PERを実施していくために、PER作業グループ（財務大臣議長）が設置され、全体プロセスに関するリーダーシップの発揮が期待された。ただし、外部評価のインプットは世界銀行のリーダーシップで行われた。このようなPERプロセスを通して、政府、非政府主体、援助主体の関係主体の参加機会の拡大がもたらされた。その結果、予算プロセスにおけるラインの各省庁、援助主体、市民社会、財務省間の対話が大幅に拡大し、マクロレベル、セクターレベルに関する主要ステークホルダー間の意見交換の場が確保された[107]。

なお、セクターレベルでは、一九九七年設立当初、セクター作業グループが存在した。セクター作業グループには、関係省庁、援助主体、NGOの代表が参加していた。その後セクター作業グループの活動は停止し、各省庁はコンサルタントを使ってセクターPERを準備するようになったが、二〇〇二年にオーナーシップの限界が指摘され、セクター作業グループの再建が勧告された。その結果、二〇〇三年にはPERプロセスにおけるセクター作業グループが再建された。ただし、予算策定との関係の程度は分野により異なっていた[108]。

ＰＥＲは、タンザニア政府の財政管理改革プログラムとも密接な関連を持っていた。そのような文脈の下で、二〇〇一年財政法、公共調達法の制定、ＩＦＭＳ（Integrated Financial Management System）の導入、租税行政強化、対外資源管理改善、会計監査強化が行われた。このようなプロセスを通して、援助主体主導との批判はあったが、透明性は強化された。

第四に、ＭＴＥＦ（Medium Term Expenditure Framework：中期支出枠組）が導入された[109]。ＭＴＥＦは期間三年の中期の枠組であり、年次の予算とＰＲＳ（Poverty Reduction Strategy）とをつなげることを目標としていた。最初の期間は一九九九／二〇〇〇年—二〇〇一／二〇〇二年であり、優先領域についてはセクター戦略が設定された。ＭＥＴＦは、内閣、ライン省庁等との関係で一定の信頼性を確保し、ＰＥＲとの強いリンクを維持しつつ、財務省の強いリーダーシップの下で公共支出計画・管理の責任統一を試みる手段となった[110]。また、ＩＦＭＳにより同時進行で予算実施がモニターできるようになったことも、予算執行とアカウンタビリティーの強化を後押しした。

以上のような改革も踏まえて、現在の基本的な予算サイクルは以下のようになっている[111]。会計年度は七月から六月である。

〈タンザニアの予算サイクル〉

一一—一二月：予算政策の策定と歳入予測——タンザニア銀行、ダルエスサラーム大学のような研究機関が情報提供を行い、ＰＥＲ研究とＰＥＲフォーラムにおける議論を行う。

一二―一月：予算指針の発出――予算指針委員会、省庁間技術委員会、閣議において議論を行う。
一―三月：各省庁、地方政府等による歳入支出の見積、三ヵ年MTEFの準備――PERプロセスが特に優先セクターに関する情報を提供する。
四―五月：財務省による査定、援助主体・政府協議、閣議による予算枠組支出提案の承認。
六―七月：計画民営化大臣によるマクロ経済状況報告、財務大臣による予算提案、議会における討議・承認。
七―翌年六月：予算実施――財務省による予算実行、管理。

（3）　セクター・アプローチの実践

タンザニアにおいては、一九九八年三月にセクター・アプローチ・ワークショップが開催され、「共同趣旨表明書（Joint Statement of Intent）」が提示された。そして、六月には、日本を除く主要援助主体と保健省が、保健改革としてセクター・アプローチを採用することで同表明書に署名した。その後、一九九八年四月には政府と六つの援助主体（デンマーク、イギリス、ノルウェー、世界銀行等）が共通基金創設にかかる合意書「援助主体/政府共同合意（Joint Donor and GoT Side Agreement）」に署名した[112]。

タンザニア政府は、保健改革の一環として、長期の保健セクター開発計画（Health Sector Development Program 2000–2011）を策定するとともに、三年のローリングの作業計画（Three years rolling Program of Work：POW）を策定した。また、政策、計画、予算をつなぐために、三年単位のMTEFを活用した[113]。

伝統的手法は、包括的な保健セクターの特定の部分について各援助主体が並行的に支出するというものであった。それに対して、セクター・アプローチの下、「複数援助主体によるプール支出（Multi-Donor Pooled Financing）」という方法がとられた。これは、各援助主体が、中央銀行にある米ドルでの「共通会計（basket）」の一定比率を支出するというものであり、一九九九年に覚書に署名され、二〇〇三年に改定された[114]。なお、このタンザニアにおける保健プールの試みにおいては、プールの支払い対象は資本支出及び給与を除く経常経費であった[115]。

このようなプール等を原資として、中央レベル、地方レベルに、中央基金、地方基金が設定された。そして、中央レベルでは、保健省及びPORALG（President's Office, the Regional Administration and Local Authority）が共同議長を務め、政府上級幹部、援助主体から各一人の代表により構成されるBFC（Basket Financing Committee）が四半期ごとに実施状況の進捗管理を行った。そして、プール資金の保健分野総支出に占める比率は、二〇〇〇年には保健分野総支出の二八％であったものが二〇〇三年には六〇％に増加した[116]。

また、二〇〇三年には、PER、MTEF、PRSの文脈で、保健省とPORALGが合同で、保健セクターの成果のレビューを行った。その結果、オフバジェットの援助主体の活動は大きく削減されたことが明らかになった。また、保健支出は政府支出全般よりも早く成長し、全ての地域で保健委員会が活動し年次地域保健計画を策定しており、全ての地域がＰＯＲＡＬＧとバスケットからブロックグラントを得ており、二〇〇〇／二〇〇一年の保健経常支出の四六％が地方において行われていることも明らかとなった[117]。

このようにタンザニアにおけるセクター・アプローチは一定の成果をあげているわけであるが、計画策定に長時間を要している、計画策定に多大な経費と労力が必要である、プログラム援助実施の調整コストが大きい、政府側の事務負担が増大した、政府職員が本来業務に専念することができないほど多忙となった、オーナーシップの尊重がなされていたかどうか疑問が残る、といった問題点も指摘されている[118]。

国際援助と国内財政のインターフェース

（1）　援助の予算への統合

タンザニアにおいては、現在に至るまで外国援助への依存比率は高い。対ＧＤＰ比で外国援助の割合を見ると、二〇〇二年は五・九％、二〇〇三年は七・九九％であった[119]。そして、援助予算がタンザニア政府予算の枠外に置かれていることが、問題視されてきた。

一九八九年のＰＥＲ以来、援助の予算への統合は勧告されていた[120]。しかし、一九九二年にはプロジェクト援助の二〇％しか予算計上されていなかった。ただし、その後、プロジェクト援助のうち予算計上される比率は一九九四年に六〇％まで増大したとされる[121]。その結果、開発予算は見かけ上増加した。予算化されている部分は、一九九二年三九〇億ＴSh（タンザニア・シリング）であったものが、一九九三年一〇一〇億ＴSh、一九九四年一三六〇億ＴShと増大した[122]。ただし、計画委員会による援助主体からの情報収集は不完全であった。例えば、一九九四年に予算化された部分は約三億ドルであったが、援助主体側の報告では一九九一―一九九三年の年平均で五・二五億ドルの支出があったとされる[123]。

近年では、プロジェクト予算以外のものも含めて、援助の予算への統合は一定程度進んでいるようである。「タンザニア支援戦略年次実施計画二〇〇二―二〇〇三年（Tanzania Assistance Strategy (TAS) Annual Implementation Plan FY 2002/2003）」によると、一般財政支援、ＨＩＰＣ債務免除を中心に援助の五〇％以上が予算経由になっているようである。また、予算経由の比率が、約束ベースで一九九九／二〇〇〇年の六一％から二〇〇二／二〇〇三年の七六％に増大しており、支出ベースで一九九九／二〇〇〇年の二一％から二〇〇二／二〇〇三年の六五％に増大しているというデータがある[124]。

また、二〇〇〇年以降のＨＩＰＣの活用はＯＤＡ全体の増額はもたらしていないが、ＯＤＡ全体に対する狭義の優先セクター支出の比率が増大しているという（一九九九年の五〇％から二〇〇二年の七〇％へ）[125]。

（2）援助調整

まず、二つの日常的な援助調整のメカニズムを確認することができる。第一に、年次の支援国会合が開催されている。ただし、一九九七年以来（一九九八年を除いて）、ダルエスサラームで開催され、その結果、市民社会の参加も可能になっている。[126] 第二に、DAC（Development Assistance Group）が存在する。これは、援助主体間、あるいは援助主体・タンザニア間対話の場となっている。[127] ここでは、世界銀行とUNDPが交代で議長を務める。そして、例えば、タンザニアにおける手続きの調和化については、DACにおいて集中的な議論が行われた。

これ以外にも、援助調整のチャンネルが存在した。まず、アドホックなものとして、TAS（Tanzania Assistance Strategy）作業グループが存在した。[128] また、タンザニア国内に埋め込まれたプロセスとしてPER（Public Expenditure Reviews）が存在する。一九九七年から開始された年次のPERは、PER作業グループ（財務大臣議長）の下、外部評価のインプットは世界銀行のリーダーシップで行われ、政府、非政府主体、援助主体といった関係主体間の調整の機会となった。

小括

以上、タンザニアに対する国際的課題認識と対応、タンザニアの財政・計画制度とその改革、及び国際援助との関係について概観してきた。ここでは、最後に、タンザニアの特質と思われる点について述べておきたい。

第一に、ヘレイナー報告によって、タンザニアにおける援助と国内財政の分離や援助主体間調整が問題として焦点が当たり、このような課題認識は、国際援助コミュニティー全体に、その後拡散していった。その意味では、パイオニア的な事例であったといえる。

しかし、そのようなテーマをヘレイナー報告が取り上げた背景には、一九九三年から一九九五年にかけて援助主体による輸入支援プログラムを用いた際の内貨立見返り資金の積立や汚職の疑いをめぐるタンザニア政府と援助主体間の関係悪化があり、ヘレイナー報告は、汚職等をめぐる政治的対立を回避する意味もあり、援助主体調整と援助の実効性の問題に焦点を当てたという事情もあることに注意する必要がある。

第二に、課題設定における政治的背景は別としても、タンザニアにおいては、国際援助案件を受入国政府が十分把握できていないという大きな課題があった。このような課題は、これまで検討してきた東南アジア諸国の課題とはやや次元を異にするより基本的な課題であったと思われる。また、このような文脈では、援助主体が支援して行われるPERプロセスやセクター別の国際援助のプールの仕組みは、受入国のオーナーシップを提唱するものの、援助主体が予算プロセスや会計制度を代替しているという側面を持つことになる。

第三に、開発予算と経常予算の関係、タンザニア国内における計画委員会と財務省の関係という、発展途上国の財政一般に観察される問題はタンザニアにおいても確認された。タンザニアの場合、一九九七年初めに、財務省が計画委員会の持っていた開発予算策定権限を得ることによって、開発予算と経常予算という二元的体制は形の上では維持されたが、財務省が実質的に一元的に調整を行うことが可能となった。

6 比較――焦点としての受入国レベルでの財政管理・調整

本章においては、受入国財政・計画制度・運用と国際援助のインターフェースについて具体的事例に即して検討してきた。

第一に、計画の年次予算に対する縛りをどのようにするかについては、タイ、フィリピン、インドネシアといった多くの国で縛りはそれほど強くなかったことが確認できた。その意味では、国際援助を実施していく上で、受入国国内予算との調整は重要であるが、受入国の中期あるいは長期計画との調整は実務的にはそれほど重要ではないといえる。ただし、近年、財政管理改革の一環として、新たな中期的枠組としてMTEFといったものが導入されている。これらがどの程度の拘束性を持つかについては、注目する必要がある。

また、計画と年次予算の関係は、しばしば、計画担当部局と予算担当部局の力関係と連関してくる。例えば、タイにおける国家経済社会開発委員会と首相府予算局との関係、フィリピンにおけるNEDAと予算管理省との関係、インドネシアにおけるBAPENASと財務省との関係、タンザニアにおける計画委員会と財務省との関係がそれに当たる。一般に、予算担当部局の力が強まる傾向が確認される。援助主体は、受入国内におけるこのような力関係の変化に注意する必要がある。同時に、このような力関係は、世界銀行のような外部の援助主体が、どの組織の試みを支援するかによっても影響を受けることがある。

第二に、予算策定において、開発予算と経常予算を切り離すのか、借款や技術協力に関する決定プロセスを通常の予算・計画プロセスとの関係で切り離すのか、といった制度設計の課題が存在する。インドネシアやタンザニアにおいては開発予算と経常予算が分離されてきたのに対して、タイやフィリピンにおいてはそのような分離は行われなかった。ただ、最近では、インドネシアにおいても統合が行われ、タンザニアにおいても、形式的な分離は継続しているものの実質的には財務省の一元的管理の下に置かれることとなった。

また、フィリピンにおいては借款や技術協力についてもNEDAと予算管理省を中心に基本的には国内の案件と同一のプロセスがとられていたが、タイでは、各々について別途の管理プロセスが存在し、財務省と首相府DTECという異なった主体が主要な役割を果たしていた。また、インドネシアにおいては借款と技術協力は合わせてBAPENASが中心的に管理しており、財務省の関与は比較的小さかった。

このように、近年統合化への動きが見られるが、これが発展途上国の実態に即してみた場合、適切なものであるのかに関する評価は注意を要する。[129]

第三に、国内制度とのインターフェースに関しては、各国は各々独自の課題を抱えているといえる。フィリピンにおいては、国際援助案件を含めた予算が議会の議決対象であることもあり、議会がどこまで関与できるのかというのが課題となった。実質的には、これは、国際援助案件の予算を削減することで、他の国内案件への予算を増やすための圧力とするという面があった。また、インドネシアにおいては、国内財政における準財政活動の役割は国際援助の実効性を規定する条件でもあった。あるいは、国際援助が受入国内において準財政資源として運用されることもあった。また、国際援助案件における内貨分を適切に準備できるかという点に関しては、タイでは問題はなく、フィリピンやインドネシアでも概ね大丈夫であったが、タンザニアのようなサブサハラアフリカ諸国ではこれ自体が大きな問題であったようである。

第四に、タンザニアにおいては、国際援助案件を受入国政府が十分把握できていないという基本的課題があった。これは、タイ、フィリピン、インドネシアといった東南アジア諸国の課題とは次元を異にするより基本的な課題であると思われる。後者の諸国においても、並行的なＰＩＵの課題や国内予算プロセスとの調整等インターフェースの管理の課題は多く存在するが、そもそも国際援助案件を把握できていないという状態とは異なっていたと思われる。逆に言えば、タンザニアのような状態の国においては、財政管理の最新の方式を導入することよりは、より基本的な情報共有の仕組みを構築することが重要である。財政管理や予算策定の能力は各国の歴史的経験に根ざしたものであるため、現地での経験・慣行を無視して、一朝一夕に改革することは容易ではないことに注意すべきであろう。これは、一般化していえば、後発開発途上国（ＬＬＤＣ）とそれ以外の発展途上国の課題の差異を認識すべきであるということかもしれない。

このように、受入国レベルにおいて、様々な諸制度とどのように設計・統合するかは、国際援助や国内財政を運営していく上での、重要な規定要因となっている。どのような設計が適切であるのかは、各々の文脈にも規定されるので、一義的に答えの出せる問題ではない。最近は、受入国の財政管理能力の向上という点が重視され、一元化的に統合化された財政管理が目指されている。ただし、これが個別の文脈に即して適切な方向であるのかに関しては、分散化が管理コストを下げるという面もあるのであり、現実的な管理能力の評価に基づく慎重な検討も必要であろう。

Ⅲ章 現場における実施過程

1 はじめに——多様な主体のインセンティブと能力の役割

本章では、国際援助の実効性を規定する要因について分析を行う。Ⅱ章で検討した国際援助と国内財政のインターフェースのあり方も、このような実効性を規定する重要な要因であるが、本章では、現場における実施過程を規定する要因に焦点を当てる。

その際、国際援助における非資金的要素、すなわち、国際援助に付随するルール、情報（知識、技術等）、人的資源（専門家等）が、受入国内でどのような影響を及ぼすか、また、どのような相互作用を引き起こすのかというのも重要な視点となる。例えば、国際援助を提供する条件として一定の規制の実施を受入国内で求められたり、国際援助の内容として一定の知識や技術の提供が行われたり、あるいは、そのような知識や技術の担い手として専門家が派遣されることも多い。これらは、受入国内の規制、知識や技術あるいは人と一定の相互作用を引き起こす。

国際援助の現場における実施では、受入国の中央政府だけではなく、地方政府、NGO（非政府組織）、企業あるいは金融市場等が重要な主体となる。そして、中央や地方の政府内においても、部局によってインセンティブが異なる。例えば環境規制部局と産業振興部局はインセンティブが異なる。あるいは、NGOのインセンティブ構造も個々のNGOや現場によって異なる。また、中央政府と地方政府は異なったインセンティブを持ち、また、地方政府やNGOはしばしば人材の量及び質の両面において能力の問題を有する。さらに、国際援助においては、援助国である先進国の企業がしばしば実施主体であり、これらの援助国の国内企業のインセンティブも技術協力の実施等に際しては重要な要因になる。

援助行政におけるインセンティブや能力への配慮と対応の必要性は、様々な論者によって指摘されてきた。オストロム等は、開発行政の現場において、アクターの自己利益追求行動のために官僚制による集権的な目的実現が阻害されること（＝政府の失敗）を認めた上で、市場も常に最適な解ではない（＝市場の失敗）とする。そして、一定の制度的枠組の下では、各アクターの自己利益追求行動を前提とした上でそれらをうまく導いて共通目的を実現することが可能であると主張する。(1)

また、モーゲンソーは、一九六〇年代初頭に、援助主体側にとっても受入国側にとっても、経済成長は必ずしもインセンティブとはならないという援助を巡る政治的論理を分析する。受入国側にとっては、仮に経済成長に役立たないとしても、政権の象徴となる大規模なモニュメントは政治的に重要なものであり、援助主体側にとっても経済成長を促すことは受入国の社会構造を変容させ、ひいては安定を突き崩す恐れがあるので、経済成長とは切断されたモニュメントの援助にインセンティブを持つという。[2]このように、政治的インセンティブというのも、援助の実施を規定する重要な要因になる。あるいは、ハーシュマンは、大型プロジェクトの方が技術的に規定されている故に裁量の余地が少なく、その可視性（visibility）故に規律が要請されるというインセンティブ構造を指摘する。その上で、大型プロジェクトでは、受入国の人材等の稀少資源を限定的な裁量領域に集中させることで、プロジェクトの成功の可能性を高めることになるとする。[3]

以下では、三つの事例に即して、国際援助プロジェクトやプログラムの現場における実施を規定する様々なアクターの様々なインセンティブと能力に焦点を当てて、分析することとしたい。まず、インドネシアのガバナンス改革援助の対象であった分権改革を取り上げて、その実施を規定する地方政府の政治的インセンティブと能力について検討したい。分権化のモデルは、援助主体の専門家により先進国から移転された知識であった。近年ガバナンス援助は様々な領域において行われているが、このような領域における外部からの関与は現場の政治的ダイナミズムと直接的間接的に相互作用を引き起こす可能性が高い。

次に、フィリピンにおける住宅援助を取り上げて、その実施を規定するフィリピン政府や現地のNGOのインセンティブと能力について検討したい。このプログラムは当初は世界銀行も資金的に関与する形で関与されるが、世界銀行自体は比較的早期に撤退してしまう。しかし、現地における実践を基礎に援助方式をモデル化し、現地において様々な主体のインセンティブを一定の制度の下で構造化することで、一定の実施と成果を確保するが、同時に能力の限界にも直面することとなる。

最後に、中国の石炭燃焼関連環境援助を取り上げて、現場における実効性を規定する様々な主体のインセンティブや能力を分析したい。この場合、国際援助の一環として、資金とともに、国内で実施されるべき規制や技術が提供される。そして、現場レベルでは、規制主体の能力や行政組織のインセンティブ構造、経済構造や企業のインセンティブが規定要因となっている。

2 地方における政治的ダイナミズム――インドネシア分権化援助の場合

途上国におけるガバナンス改革

最近、援助の実効性を規定する要因として、また、それ自体援助の目的として、援助受入国のガバナンスについての関心が高まっている。そして、ガバナンスの要素を含んだ様々なプログラムが実践されつつある。ガバナンス改革のモデルの提供は知識という資源のインプットであると位置づけることもできる。ガバナンス改革には多様な次元がありうる。例えば、以下のような三つに分けることができよう。

第一に、広義の民営化、すなわち政府・市場関係の再編がある。このような考え方の背景には、行政官の自己利益追求行動が行政組織を肥大化させるのに対して、資源配分メカニズムとしての市場は効率であるという信頼がある。実際にこのような考え方を背景に、様々な地域で民営化が行われてきた。

第二に、管理の柔軟化、すなわち政府内規制緩和がある。伝統的な行政においては、公務員の非政治的性格（行政の中立性）を確保するために、厳しい内部規則等を伴うヒエラルキーとルールによる管理を徹底するとともに、恒常性と安定性（キャリアシステム等）、平等性（画一的な給与・条件等）を担保してきた。しかし、最近では、人事・財政等に関して政府内規制緩和を進めることで柔軟な対応を可能にし、また、成果に応じた待遇を提供することで公務員のインセンティブを高めることが試みられてきた。

第三に、分権化、すなわち政府間関係の再構築がある。これには、政府を小さな単位に分割して競争促進するという市場モデルの側面、政府間規制緩和という側面、より社会に近い政府単位を重視することで社会組織の参加を促進するという側面がある。ただし、市場モデルの側面に限っても、常に競争が機能するわけではない。例えば伝統的な財政連邦主義（fiscal federalism）の議論においては、地域による選好の差異への対応が可能になり、様々な実験・革新を許容するので、配分（allocation）の観点からは分権は適切であるとされてきた。しかし、一定の規模が必要な経済の安定（stabilization）の観点では集権が適切とされ、また、移動可能性（税の安いところに移動するといった政府管轄を越えた「足による投票」の可能性）により実効性が害される分配（distribution）の観点からも集権が適切であるとされてきた。

発展途上国においてこのようなガバナンス改革を実施しようとすると、以上の三つの次元に即して、以下のような追加的課題を検討する必要が出てくる。

第一に、民営化に関しては、民営化に際して必要な資産評価等の困難な発展途上国では、民営化自体が汚職等の源泉となり、結果として経済的効率性も悪化させる可能性がある。

第二に、管理の柔軟化に関しては、一定の汚職が問題とされる発展途上国においては、管理の柔軟化の結果、汚職が容易になるという可能性もあり、未だに厳格な一律の内部規則とその実施というモデルの重要性がなくなったわけではない。

第三に、分権化に関しては、発展途上国においてはマクロ経済の変動が大きいので、安定の観点からは集権の必要性がより高いといえる。ただし、分配の観点からは、発展途上国においてはモビリティーが低いので集権の必要性が低いといえる。また、配分の観点からは両義的である。途上国においては民間セクターの発展が不十分であり、大部分の人々が貧しいので選好は比較的均一であり、教育等における政治的配慮（例：国民統合）が必要であるという点では集権が有効である。他方、途上国においてはサービス対象が地理的に分散しているという観点からは、分権の必要性がある。

上述の理論的議論からも垣間見られるように、途上国においては、どのようなガバナンス改革がどのような条件で機能するのかを巡っては慎重な議論が必要である。しかし、現実の援助主体の政策においては、そのような点が十分に考慮されず、単線的にガバナンス改革が求められる傾向がある。以下では、インドネシアの分権改革を素材として、援助主体サイドによって求められるガバナンス改革の内容が、それが実施される特定の文脈に適合的なのか否かという点を検討するとともに、ガバナンス改革援助が、様々なアクターが様々なインセンティブ、特に政治的インセンティブを持つ現場の固有のダイナミズムの下で、どのように実施されていくのかについて、能力の限界も視野に入れて検討することとしたい(4)。

インドネシアにおける分権化援助

インドネシアは基本的には集権的な制度的枠組を有していた。従来の基本法は一九七四年法律第五号地方行政基本法であり、この法においては、末端の村長は直接選挙で選ばれたものの、県知事・市長は内務大臣の任命、州知事は大統領の任命であった。また、しばしば二重機能と評されたように、地方政府の首長は自治体の長であると同時に中央政府の出先代表としての役割を果たした。

財源の面では、主要な天然資源からの税収入は中央が独占していた。他方、中央政府から一定の地方政府への財政移転がなされた。これには、経常予算に係わる移転と開発予算に係わる主に使途が限定されている特定補助金とが存在した。

このような集権的なスハルト体制の下で、一定の分権化の実験的試みが、様々な援助主体の支援も得て行われた。例えばドイツの技術協力機関であるＧＴＺ（Gesellschaft fur Technische Zusammenarbeit：技術協力公社）は一九九二年から活動しており、主に分権の制度的側面に関して関与してきた技術協力を行っていた(5)。また、アメリカのＵＳＡＩＤも一九九一年から活動を行っていた。当初は自治体財政プロジェクト（Municipal Finance Project）と呼ばれ、必ずしも現実性のない地方政府の起債市場等を検討していたが、その後クリーン・アーバン（Clean Urban）というプロジェクトに変わり、主に地方財政制度に関する技術協力を行ってきた。[6] また、世界銀行も、一九九四年に出版された報告「インドネシアにおける政府間財政関係（Intergovernmental Fiscal Relations in Indonesia）」に連なる一連の中央地方政府間財政制度に関する研究を行い、同時に二七の県・市でも実験を行った。[7]

分権化の進展

以上のような分権化制度支援援助は継続的に行われてきた。しかし、分権化の実施は、援助主体の意向というよりは、スハルト政権の退場という政権交代に伴う政治変動により、急速に進むことになった。具体的には、ハビビ政権成立後、分権化の動きが急速に進み、一九九九年五月には地方行政法（一九九九年法律二二号）及び中央地方財政均衡法（一九九九年法律二五号）が成立した。

この地方行政法の主たる内容としては以下の三点があげられる。第一に、地方政府に「広範な自治（broad autonomy）」が認められ、中央政府の機能は外交、国防・治安、司法、金融・財政、宗教、マクロレベルの国家計画、開発管理の政策、財政均衡資金、国家機構及び国家経済組織、人的資源の開発等に限定された。第二に、各省庁の持っている出先の機能は地方政府に統合された。ただ、財務省（徴税）、宗教省、司法省、国防省の出先については例外であった。第三に、県知事・市長は、内務大臣による任命ではなく、県議会・市議会によって選出されることとなった。その結果、地方における議会の力は格段に増大した。象徴的なのは地方行政法四六条の規定である。この規定の下では、地方政府の首長は地方議会に対して責任を負うこととなり、年度末にアカウンタビリティー演説を行い地方議会の承認を得ることが必要になった。そして、議会が承認を拒否した場合、首長は再度演説を行うことが可能であるが、議会が再度拒否した場合は、議会は首長の罷免を大統領に提案する権限を持つこととなった。第四に、州と県・市のヒエラルキー関係をなくした。

以上のような内容を伴う分権の制度設計の特質として三点あげることができる。第一に、今回の分権改革において主たる分権の対象となるのは県・市であった。しばしば分離運動等の文脈で取り上げられる州は主たる分権対象ではなかった。そして、州と県・市間のヒエラルキー関係はなくなった。その結果、大きな市・県は州から自律的に行動し始めた。しかし、多くの場合、特に外島地域においては、県・市の行政能力・財政能力は未だに小さかった。

第二に、今回の分権に伴い、多くの国家公務員が州政府、県・市政府に移管されることになった。その規模は、従来約三二〇万人いた国家公務員のうち約一九〇万人（約一一〇万人の教員と約二〇万人の厚生省職員を含む）であった[8]。しかし、この移管は書類上大規模ではあるが、実際の物理的移動がこの規模で伴うわけではなかった。多くの国家公務員は既に国の出先機関の職員として当該地方に存在していた。ただし、特に移管される部局の人事権は明確に中央政府から地方自治体の首長に移るのであり、この点でのインパクトは大きかった。当該部局の専門技能・知識を有しない、必ずしも適任でない者が任命される場合も多かったという。また、この公務員の移管を巡っては、国、州、県・

市の間で、人材の取り合いと押しつけ合いが起こった。地方政府の側でも移管を受けるのであれば優秀な人材を欲しいと思うし、また、移管に伴う中央からの資金移転の増加が新たに支払い義務を負う人件費を上回るのでなければ、地方政府は公務員の移管受け入れに抵抗する。また、公務員の立場からしてみれば、国から地方への移管に伴い待遇が悪化するのであれば当然のことながら反対した(9)。

第三に、地方における地方議会の役割が高まったことに呼応して、地方政府の人事に関しても地方議会、地方政党が影響力を持つようになってきた。従って、地方の行政部門は以下で述べる財政の分権の場合とは異なり、人事の分権に関してはこれを必ずしも望んでいないといわれる。

中央地方財政均衡法においては、大きく二つの地方政府の歳入が規定されていた。

第一は、歳入分与（revenue sharing）である。具体的には、土地建物税・土地建物移転税、天然資源からの歳入の一定割合については、地方政府に配分されることになった。例えば、石油の場合、中央政府が八五％、州政府が三％、生産県政府が六％、周辺県政府が六％の比率で分配されることになった。また、ガスの場合は、中央政府七〇％、州政府六％、生産県一二％、周辺県一二％の比率であった。

第二は、交付金である。これには、一般交付金であるＤＡＵ（Dana Allocasi Umum）と、使途限定の特別交付金であるＤＡＫ（Dana Allocasi Kusus）が存在する。ＤＡＵには、国内歳入（援助等は除く）の最低二五％を充てることとなった。そのうち、州に二・五％、県・市に二二・五％が行くことになっている。具体的配分に際しては、一定の配分式（政令で定める）によって各地方政府への配分比率が定められた。この配分は抽象的にはニーズに基づいて行われるとされた。しかし、具体的に何によってニーズを測定するのかという段になると、各地域の利害に関わりやっかいなこととなった。例えば人口という要素を重視すると人口の多いジャワ島に優位となり、他方、面積という要因を重視すると人口に比して面積の大きな外島に優位になる。従って、当初は、この人口と面積という要素は除いて考えることになった[10]。また、移行期に関しては、配分式とともに調整要因を用いることとなった。これは、各地方政府の受領額が昨年を下回らないようにするための措置である。その結果、二〇〇一年度に関しては、配分を規定する要因のうち調整要因が八〇%を占めるという事態になった。ただし、この配分式は毎年調整されることになっており、徐々に調整要因の占める比率が低くなった[11]。なお、使途限定の特別交付金であるＤＡＫの比率は、従来に比べて、圧倒的に少ないものとなっている。二〇〇一年のＤＡＫの総額はわずか〇・九兆ルピアであり、その原資としてはオフバジェットからオンバジェットとなった再植林基金の一定比率（六〇%）のみが充てられた。

また、地方政府は、地方税法によって自律的な財源を確保することが認められ、そのために地方税法の改正が行われた。しかし、財産税が中央政府に残ったため、たいした税源は委譲されず、課税権限を誇示するために怪しげな地方税が頻発することになった。例えば、工場の禁煙の標識を収入源として課税した例、車のナンバープレートへ課税した例、河川輸送の際に地方政府の境界ごとに関所のようなものを設けて課税した例等があったという[12]。

以上のような財政面での改革の特質としては、次の三点をあげることができる。第一に、従来の経常予算、各種開発予算分補助金を統合し、経常予算、開発予算の区別は地方移転分に関しても消失した。その結果、DAUで移転されてきたもののうち、どの程度を経常目的で用い、どの程度を開発目的で用いるのかは各地方政府の判断に委ねられることになり、地方政府が不適切な裁量を行使しうる場面も出てきた。その結果、各地方政府がより多くの部分を人件費にしたり、プログラムの内容を社会サービスから「箱モノ」に転換してしまうのではないかといった危惧の声が聞かれた[13]。

第二に、それに関連して、地方政府における予算策定過程において、地方行政部門から地方議会への権力の移行が見られた。

第三に、地方への移転の実質的一元化は、中央レベルにおいても含意を持った。中央政府レベルでこれまで開発予算を持っていたBAPENAS、個別地方移転開発補助金を持っていた内務省地方開発総局や他のセクター別省庁の立場はこれで弱まることになった。ただし、各中央省庁の中には、自らの直轄開発事業として維持した上で地方で実施することで立場を保ったものもあるようである。

分権化プロセスとその規定要因

インドネシアにおける分権化は、これまでの集権的な安定的体制を念頭に置いた場合、迅速かつラディカルであった。これは、ハビビ政権によって開始されたわけであるが、その後もハビビ政権期の「置き土産」として、近年ユドヨノ政権において路線が修正されるまで、その路線を変えることなく追求された。また、この分権化においては、狭域である県・市を重視し、広域である州を軽視した。

ではなぜそのようなことに立ち至ったのか、以下ではその規定要因についてみておきたい。

第一に、ハビビのイニシアティブとそれを支援したＧＴＺ等の役割を指摘できる。地方行政法の制定過程においては、七人委員会（Team of 7）と呼ばれるグループが役割を果たした。七人委員会は、内務省上層部、大学関係者、ＧＴＺの専門家二人によって構成されており、委員会の長はラシド（当時、担当総局長、後に地方分権担当大臣）であった[14]。ハビビが、ＧＴＺの支援も得て、このような急進的な分権化戦略を採った理由としてはこの論点に関して改革をアピールし、再選をねらっていたという点があったようである。ハビビにとって、分権は、スハルト政権下での利権体制を大きくいじらずに革新的なことをいえ、かつ自分の利益になることであった。最終段階で意思決定の中心にいたといわれているのは、ハビビ大統領、ラシド総局長、及びラシドの下のマラランゲンであり、この三人はいずれもスラベシ出身者として分権化に一定のインセンティブを持っていたといえる。

第二に、一定の自律的展開という側面を指摘できる。一九九九年に地方行政法、中央地方財政均衡法が制定された時点では、これらの分権関連法がどれだけのインパクトを持つか十分に予見されていなかったといわれる。しかし、最初に法律で分権を規定した意味は大きく、その後、分権の動きは自律的展開を始めることとなる。また、県・市レベルへの分権化を進めたことで、当該レベルでの地方政治家の期待・力が強くなり、これ自身が分権の推進力となった。新興政党勢力においては党の中央規律が弱い点もそのような傾向を助長した。また、中央政府への不信という一般的雰囲気が促進的役割を果たした。また、援助主体側としても、経済危機時に地方政府をバイパスしたことの反省から地方政府重視を掲げたので、そのような傾向を支持した。ただ、援助主体側も、ここまで分権化が進むとは予期していなかった。

インドネシア分権化の評価

以上のように、インドネシアにおいては、ドイツのGTZ等によって行われてきた分権化の制度設計が、インドネシア国内におけるハビビ政権の政権持続のインセンティブと結びつく中で急激に実施され、一度実施されると、それによって権力を得た県・市レベルの政治家の力が強まる中で、自律的に分権化が展開・固定化していった。そのような意味で、この事例は、援助プロジェクトの実施が、現地の様々なアクターの政治的インセンティブの中で、促されていった事例であると評価することができよう。

他方、分権化案自体は、必ずしも現地の状況に適合的に設計されたわけではないように思われる。そもそもインドネシアのような広域かつ内部に大きな格差を内包する多民族国家において、急進的な分権化案が適切であったのかという課題がある。分権化が進む中で、現場ではいくつかの課題が認識された。第一に、地方政府の能力的準備の問題や段階的対応の必要があった。インドネシアの分権化においては、地方政府側の能力的準備が整わない間に分権が実施されてしまったという面がある。具体的には、地方議会の能力の問題、批判的監視勢力として期待されたNGOの役割設定と能力の問題があった。

第二に、地方政府に対する一定の規制の明確化の必要があった。地方分権化の時代においても地方政府の活動に関しては一定の拘束、規制がかかってくる。このような規制を、自治を阻害しない形でどのように設定するのかが課題とされた。例えば、地方税法等の改正の結果、課税権限を誇示するために怪しげな地方税が頻発することになっている状況について前に触れたが、このようなものを過度に容認すると国内市場の断片化に帰結することになってしまうので、何らかの対応が必要になった。また、同様なことは地方政府による投資関連規制に関してもあてはまる。

第三に、州の再定位の必要があった。今回の分権改革においては県・市が重視され、州は回避されてきた。これには国際的援助主体による前史もあり、例えば古くからインドネシアの分権に関わってきた世界銀行、GTZのプロジェクトも県・市レベルでの実験が中心であった。このような州の回避は分離主義の回避という政治的観点からは合理性も有するが、行政的な観点からは問題も多かった。県・市の中には、与えられた役割を果たす能力を持っていないところも多かった。

第四に、人事に関する一定の流動性確保の必要があった。分権により任命権限は当然地方政府の首長に委ねられるのであるが、その際、人材を捜すプールが当該地方政府内に限られてしまっては、組織が閉塞化しかねない。そこで、一定の質の人材を確保するためには特に専門家の地方政府間の人事の一定の流動性をいかに確保するかが問題となった。

その後、以上のような課題に対する対応は、一定程度は行われてきた(15)。具体的には、二〇〇四年には地方行政に関する二〇〇四年法律第三二号、中央地方財政均衡に関する二〇〇四年法律第三三号が制定された。このうち、地方行政に関しては、第一に、地方首長公選制が導入された。また、アカウンタビリティー演説を地方議会が二度拒否した際の罷免の規定はなくなり、首長が就任時の宣誓に反したり、首長としての義務を果たしていないと地方議会が判断し、その判断を最高裁判所が妥当と認めた場合に限って更迭されることとなった。その結果、地方議会に対する首長の力が強くなった。第二に、中央政府の代理として州知事が県・市の地方行政を指導・監督し、州と県・市における中央政府の業務調整を行う権限を持つことが明記された。さらに、州と県・市にはヒエラルキー関係はないという文言は削除された。第三に、地方公務員のマネジメントの全国的調整のために、州官房長の任免権は大統領が、県・市官房長の任免権は州知事が持ち、首長ではなく官房長を地方公務員の指導役とした。中央地方財政に関しても、予算案については、上位政府の事前承認が求められるといった若干の変化が見られた。

3 NGOを含む組織間連携の可能性と限界――フィリピン住宅援助の場合

都市貧困者向け住宅政策

都市貧困者向け住宅に関して、フィリピン政府は、国家住宅庁（National Housing Authority : NHA）による直接建設路線をとってきた。しかし、一九八〇年代中頃には、直接建設路線から後退し、NGO等と協力するエナブリング戦略がとられるようになった。例えば一九八七年の政令九〇号では、民間セクター参加の必要の認識が示され、住宅都市開発調整評議会（Housing and Urban Development Coordinating Council: HUDCC）が策定する「国家住宅計画（National Shelter Programme 93-98）」では、政府の役割は「支援者としての役割（role of enabler and facilitator）」と規定されていた。具体的には、以下のような三つの立法において、支援者としての役割が具体的に規定された。

第一に、都市開発住宅法（The Urban Development and Housing Act of 1992: Republic Act 7279）がある。この法律の起源は都市土地改革（Urban Land Reform）問題に遡る。アキノ政権発足当初、NACUPO（National Congress of Urban Poor Organizations）による都市土地改革に関するアドボカシーが積極的に行われ、その結果一九八七年憲法に都市土地改革条項が入った。その後も様々なNGOがその条項の具体化のために活動した。一九九一年三月には都市土地改革タスクフォースが様々なNGOによって設立され、議会の都市開発住宅法原案に対する修正案の起草（強制立ち退きモラトリアム、受益者の参加等に関して）や情報キャンペーンを行った。その結果、開発業者の組織であるCREBA（The Chamber of Real Estate Builders Associations）も、業者へのインセンティブを規定することを条件に協調し始めた。そして、都市開発住宅法はアキノ政権最後の仕事として一九九二年三月に成立した(16)。

都市開発住宅法において注目すべき内容として二点あげることができる。まず、民間との協力が規定された。例えば開発業者には開発の際に二〇%の社会住宅を建設することが要求された。また民間セクターが社会住宅に参入するための税制等インセンティブの提供、受益者の参加が規定された。N

GOがオリジネーターとして参加する後述のコミュニティー抵当事業(Community Mortgage Programme)も規定された。また、強制立ち退きの禁止が規定された。ただし強制立ち退きの禁止が適用される対象は「恵まれないホームレス(underprivileged homeless)」であり、「プロの不法占拠者(professional squatter)」に対しては懲罰的態度が規定された。

第二に、地方自治法(Local Government Code)がある。地方自治法は民主化の一貫として分権化を行い、地方政府を活性化するために一九九一年に成立した。ここでは都市利用規制権限等の都市住宅政策についての権限を地方政府に移すことを規定していた。そして、地方政府の運営には、様々な局面でNGO、PO(People's Organization)の参加が義務づけられた。

第三に、CISFA(Comprehensive and Integrated Shelter Financing Act: Republic Act No. 7835)がある。CISFAは都市開発住宅法の財政的基礎を固めるために延べ三八五億ペソの政府による資金提供を規定する法律であり、一九九四年に成立した。具体的には、国営住宅金融抵当公社(National Home Mortgage Finance Corporation)の基金を五億ペソから五五億ペソに増やすことや、コミュニティー抵当事業に一二七・八億ペソを投入すること等が規定された。これらは、従来、SSS(Social Security System)、GSIS(Government Social Insurance System)、HDMF(Home Development Mutual Fund)といった社会保障、社会保険、住宅に関するメンバーからの拠出による基金によって運営されてきたものであり、これだけ大規模に政府資金が投入されようとするのは初めてであった。[17] ただし、資金提供目標額だけは当初の目標通り規定されたものの、当初構想されていた実施のための組織的基礎強化（住宅省構想）は結局放棄されたため、不十分なものであった。

他方、民間セクターとの連携や関係政府間機関間の調整に関して政府において独自の役割を果たしている組織に、一九八七年一月に政令八二号により設立された都市貧困のための大統領委員会（Presidential Commission for the Urban Poor：PCUP）があった。[18] その第一の目的は都市貧困者組織と政府との橋渡しであった。具体的には都市貧困者の組織である都市貧困組織（Urban Poor Organization）の認証を行い、政府と都市貧困者等との議論のフォーラムを提供し、地主や政府機関と都市貧困組織との間で日常的な仲介業務を行っていた。第二の目的は都市貧困に関する政府機関間調整を行うことであった。これは一九八九年の政令一一一号で規定された。前述の住宅都市開発調整協議会が住宅というハードな面からの機関間調整を行ったのに対して、都市貧困のための大統領委員会はソフトな面から機関間調整を行った。

都市貧困組織の認証は一定の正当性を与え、他の政府機関の判断の基礎になるものであり、例えばこの認定を受けていると、コミュニティー抵当事業における認定が促進されたといわれる。

小規模資金融資プログラムの創設と世界銀行の関与

以上のような文脈の下で、小規模資金融資制度として、統合住宅融資プログラム（UHLP：Unified Home Lending Programme）とコミュニティー抵当事業（CMP：Community Mortgage Programme）が設立された。そして、これらの設立当初は、世界銀行が支援していた。この場合の世界銀行の役割は、若干の資金提供を通して、関係者が連携する触媒となることであったといえる。

統合住宅融資プログラムは、一九八七年一一月に開始された低所得者向けの住宅融資プログラムである。[19]その主要財源はＳＳＳ、ＧＳＩＳ、ＨＤＭＦという三つの基金であった。プログラム開始当初は、世界銀行から融資（World Bank Shelter Sector Loan）を、二一億ペソ程度受けていた。一九九五年には三つの国内基金から計一一八億ペソの資金を調達し、約五万の受益者に提供する予定とされていた（一受益者当たり約二三万ペソ）。従って、世界銀行からの融資は、比率でいえば少なかった。なお受益者資格は三機関のいずれかに所属する者に限定されており、利率はローン規模ごとに決められていた。

このような統合住宅融資プログラムにおいて受益者の選択等個別の作業はオリジネーターという中間団体に委託されていた。統合住宅融資プログラムのオリジネーターには二つの類型が存在した。第一の類型は開発業者であり一九九五年五月末の時点で二二〇業者が登録されていた。第二の類型は銀行であり一九九五年七月末の時点で七八銀行が登録されていた。オリジネーターは一時的に融資を実行しその債権と抵当を国営住宅金融抵当公社に売ることとなっており、国営住宅金融抵当公社は債権を買い取る際にオリジネーターの審査をレビューした。そしてこのような業務に関わるオリジネーションフィーとして住宅価格の五％を受益者から徴収し、うち二・五％をオリジネーターへ、残りを国営住宅金融抵当公社へという方式を一九九二年以来採用してきた。融資の回収は、回収銀行を通して行っていた。ただし、統合住宅融資プログラムには、回収率が低い（六一％程度）という問題があった。

統合住宅融資プログラムという小規模資金融資プログラムを換骨奪胎する形で、コミュニティー抵当事業が設立された。コミュニティー抵当事業は国営住宅金融抵当公社からの低利融資により不法占拠者が地主から土地を買い取り、住宅建設を行うという枠組であり、フェルナンデスが主導するセブのパクタンバヤヨン財団（Pagtambayayong Foundation）の試みがその原型であった[20]。その後、政府の国営住宅金融抵当公社等によるフェルナンデスも関与するタスクフォースにおいて、一九八八年八月にコミュニティー抵当事業として定式化され、政府によって一九八九年四月から実施されることとなった。この場合、援助モデルという知識はボトムアップに基づいて構築されてきたといえる。

コミュニティー抵当事業は三段階（土地取得、サイト・ディベロップメント：地区内整備、住宅建設）からなるが、多くの場合、第一段階でのみコミュニティー抵当事業が使われていた。この方式の基本的な考えは、土地所有権の安定（security of tenure）の確保によって住宅投資が促進されるであろうというものであった。コミュニティー抵当事業においても、オリジネーターが組織化のファシリテーターとして大きな役割を担った。当初（一九八九―九〇年）においては、世界銀行資金から一・六二億ペソが使われていた。しかし、全体としての回収率が悪かったこともあり（これはコミュニティー抵当事業ではなく主として統合住宅融資プログラム部分に関してだが）、世界銀行資金は間もなく停止されてしまった。以後は国内のＳＳＳ、ＧＳＩＳ、ＨＤＭＦの資金が投入された。

投入された資金規模（八九年から九五年三月まで）は延べ約一二億ペソであり、その内訳は世界銀行：一・六二億ペソ――主に三基金の非メンバー用、ＨＤＭＦ：二・三八億ペソ、ＧＳＩＳ：二・一七億ペソ、ＳＳＳ：三・〇一億ペソ等となっていた。ここでも、資金提供に占める世界銀行の比率は相対的に小さかった。支出対象は四一九プロジェクト、五〇五五四人の受益者で、項目別には、土地取得：一一・〇八億ペソ、オリジネーション・フィー二〇〇〇万ペソ、サイト・ディベロップメント四一〇〇万ペソ（一〇プロジェクト）であった。統合住宅融資プログラムと比べた場合、資金規模は小さいが受益者数はほぼ同数であることからもわかるように、コミュニティー抵当事業はより広く薄く資金を有効利用するプログラムであったといえる。さらに、新たな資金源として前述のＣＩＳＦＡにおいて五年間で一二五億ペソが規定された。なお融資限度は、受益者が三基金のいずれかに所属しているか非メンバーでも正規収入がある場合で月収の三〇倍まで、非メンバーで非正規収入の場合で同二〇倍までとなっていた。条件は利率が六％で二五年償還となっていた。

コミュニティー抵当事業の実施プロセス

（1）　ＮＧＯセクターの多様な役割

コミュニティー抵当事業の実施過程においてオリジネーターとしてＮＧＯが一定の役割を担ったことからもわかるように、フィリピンの住宅政策においては、様々なＮＧＯが重要な機能を果たしていた。そこで、ここでは、コミュニティー抵当事業実施プロセスの前提となる社会的基盤を提供している様々なＮＧＯの役割について検討しておく。以下では、関係するＮＧＯの役割を類型的に示しておきたい。関係するＮＧＯの類型としては大きく分けて四つを示すことができる。

第一に、アドボカシー団体がある。例えば、マーフィーを中心として一九八九年に設立されたＵＰＡ（Urban Poor Associates）は、立ち退き要求への対処等のアドボカシー活動を行う団体であった[21]。一九九五年時点で職員は六人（事務一人、オーガナイザー五人）であり、財政的にはオランダ政府から年三万ドルの支援を受けていた。年間五〇—六〇件の立ち退き阻止を行い、また年間約一五〇のコミュニティーを訪問し、強制立ち退きを裁判所命令・公共インフラプロジェクト・危険地域の場合に限定した革新的な法制の存在等を知らしめる教育活動等を行っていた。当時毎年約一〇万人が強制立ち退きの対象となっていたが、そのうち八〇％は不必要な立ち退きであったという[22]。

ＵＰＡの活動手段を整理すると、強制立ち退きに関する情報収集のための監視プログラム、法の存在等に関する教育、強制立ち退きへの対抗手段としての法的手段・政治的手段（市長との会談、子供を連れていく等）に分けることができる。コミュニティー抵当事業との関係では、潜在的ニーズを発見することに寄与していたといえる。

第二に、組織化支援団体がある。コミュニティー抵当事業のオリジネーターとしてコミュニティーの組織化や地主や政府との交渉を支援する組織の例として、ＦＤＵＰ、ＣＨＨＥＤをあげることができる[23]。

一九八八年に設立されたＦＤＵＰ（Foundation for the Development of the Urban Poor）は、

職員総計二六人、うち事務職一三人（財務六人、融資書類作成二人、所長室二人、プロジェクトスタッフ二人等）、オーガナイザー一一人、技術者二人で構成されており、財務的にはドイツのＮＧＯであるＭＩＳＥＲＥＯＲに約九〇％を依存していた。コミュニティー抵当事業のオリジネーター・フィーといった手数料収入の財務上の比率はごく僅かであった。ＦＤＵＰは同時に約三〇のコミュニティー抵当事業に関するコミュニティー組織化を行う他、サイト・アンド・サービスに関して政府との共同プロジェクトも行っていた。

一九八二年にアビオンによって設立されたＣＨＨＥＤ（Center for Housing and Human Ecology Development Foundation）は、職員一七人（事務八人、オーガナイザー五人、技術者三人、建築家一人）によって構成されていた。財務的にはコミュニティー抵当事業のオリジネーター・フィーといった政府からの収入は約二〇％と少なく、残りは国内外からの寄付で運営されていた。ＣＨＨＥＤはコミュニティー抵当事業の他に生業支援、コミュニティー組織化、コミュニティー・地域計画、住宅提供等についても活動しており、同時に約五―一〇のプロジェクトを管理していた。

なお、ＦＤＵＰ等のコミュニティー抵当事業オリジネーターは連合して、オリジネーター国民会議（National Congress of Originaters）という組織を形成していた。

第三に、資金支援団体がある。例えば、ＰＢＳＰ（Philippine Business for Social Progress）は一九七〇年一二月に多くの企業が社会貢献のために設立した団体であり、環境、教育、都市貧困等の様々な問題への対応活動に資金支援を行っていた。[24] 設立当初は五〇社、一九九四年時点では一二五社で構成されており、年間二億ペソ規模の活動を行っていた。組織は全体で職員が二八〇人と大規模であり、うち五人がNCR―ARM（National Capital Region Area Resource Management）というプログラムでマニラを中心に都市貧困改善の活動を行っていた（この予算規模は二年で二七三〇万ペソであった）。財政的にはメンバー企業の拠出金で賄われていた。メンバー企業は税引き前収入の一％を社会開発のために使用することを求められており、そのうち二〇％（つまり収入の〇・二％）をPBSPプロジェクトに（これの総計が二億ペソということとなる）、八〇％を企業自ら運営するプロジェクトに（企業所在地等において）用いることとなっていた。

活動分野は様々であるが、都市貧困問題に関心を示しつつあり、特にコミュニティー抵当事業による土地取得後のサイト・ディベロップメントに対する支援を行うようになっていた。以下でコミュニティー抵当事業の事例として検討するマカトゥーリンやボナンザもその例であった。これらの活動については、当初、PBSPは資金提供に徹し、実質的活動はコミュニティー抵当事業のオリジネーターに頼っていた。しかし、オリジネーターは組織化の専門家であって基礎的サービスの専門家ではないため、多くの問題があったという。そのため、その後、PBSPが自ら運営する方法に変えた。

（2） 実施事例

フィリピンの公式の住民団体としては、SEC（Security and Exchange Commission）によって認定されるコミュニティー団体がある。ここでは、コミュニティー抵当事業を活用したコミュニティー団体の実際の活動例として、マニラ首都圏のマカトゥーリン（Makaturing：都心部）の事例とボナンザ（Bonanza：郊外部）の事例を検討してみたい。

第一の事例は、マカトゥーリンである。[25] マカトゥーリンでは、一九八〇年代後半、地主が再開発を望んだため強制立ち退きの危機が発生した。危機に対応するため、一九八八年にコミュニティー団体が二一六家族により設立され地主とコミュニティー抵当事業の交渉を行った。交渉が難航したためコミュニティー団体の初代の会長は二ヵ月で辞職してしまったが、次の会長（一九九〇―九三年）は強固な態度で交渉を進めコミュニティー抵当事業のプロセスに入ることに成功した。

コミュニティー抵当事業第一段階すなわち土地取得の段階では、前述のＣＨＨＥＤというＮＧＯがオリジネーターとしてコミュニティー団体の組織化やコミュニティー抵当事業の手続きの支援を行った。ただし測量や設計のためのエンジニアやサーベイヤーはコミュニティー団体の経費負担で雇った。そして地主との交渉の結果、当時の相場が一平米二〇〇〇ペソのところを七五〇ペソで買うことができた。ところが住民の一部はコミュニティー抵当事業により土地を買い取ることに反対し従来通り不法占拠を続けることを主張した。彼らはリカルシトランス（recalcitrance）と呼ばれた。コミュニティー抵当事業ではコミュニティーが共同で全ての土地を買い取ることとなっていたので、リカルシトランスの分の費用は他の人々が負担したため、結果としてコミュニティー団体の土地にリカルシトランスの人々が不法占拠することとなった。リカルシトランスは当初四〇家族存在したが説得等の結果一〇家族に減り、説得された人々はコミュニティー団体に入った。最終的なリカルシトランスに対しては、コミュニティー団体は裁判所に訴えて勝ったが、彼らは動かないので、CHHEDのリーダーが一九九四年一〇月には市長に支援を頼むといった行動を行った。なお全体としての融資回収率は悪くなく（九七％以上）、コミュニティー団体における相互啓発が効いていたといえる。

土地取得後のサイト・ディベロップメントはコミュニティー団体が様々なNGO等の支援を得て、自主的に行った。例えば上水施設はコミュニティー団体メンバー各自の拠出で設置し、維持費も従量制に基づき各人が拠出した。またPBSPが、コミュニティー団体が自主的に決めた内容に基づき、上水施設設置に関する融資やコミュニティーリーダーのトレーニング、マネジメント・トレーニング、埋立のためのトラックレンタル料等の支出を行った。

第二の事例はボナンザである。(26)ボナンザでも強制立ち退きの危機に対し、住民がマルキナ市長に陳情した。その結果都市貧困のための大統領委員会を通してコミュニティー抵当事業のオリジネーターである前述のFDUPを紹介され、コミュニティー抵当事業を模索することとなった。そして、一二八世帯（元からの占拠者九七世帯、賃貸人一八世帯、外部一三世帯）でコミュニティー団体を設立した。

コミュニティー抵当事業の土地取得段階では、オリジネーターであるFDUPはコミュニティー団体の会議等への参加、説明や質問への回答、コミュニティー団体の議長との事前のアジェンダづくり等を通してコミュニティー団体の運営を支援した。なお再区域割の際には三八世帯がブロック間移動することとなったが、基準設定を行った上で会長・副会長等が三人で決めるというシステムをとった結果、不満はなかったという。

　ここでもサイト・ディベロップメントの段階では自主的に他のＮＧＯの支援を得て活動した。例えば上水施設設置に関してはＰＢＳＰの支援を得た。電気については、陳情の結果、電力会社であるＭＥＲＡＬＣＯのＤＡＥＰ（Depressed Area Electrification Project）の指定を受けることができたため、低コストで電化することができた。道路については、マルキナ市長が道路開発プロジェクトでのこの場所の優先順位を高くしたため、建設することができた。

　以上の事例から、コミュニティー抵当事業の実施過程においては、様々なＮＧＯが関与していることがわかる。コミュニティー抵当事業の利用はコミュニティー団体の自発的努力に起因する。その上で、ＣＨＨＥＤやＦＤＵＰといったＮＧＯがファシリテーターとしてコミュニティー抵当事業の利用を支援する。コミュニティー抵当事業は三段階（土地取得、サイト・ディベロップメント：地区内整備、住宅建設）からなるが、多くの場合、第一段階でのみコミュニティー抵当事業が使われており、サイト・ディベロップメント等は別のスキームを用いて促進された。上述の二つの事例の場合、いずれも企業による支援団体であるＰＢＳＰが支援を行った。

（３）　組織間連携の重要性と組織能力の限界

コミュニティー抵当事業においては、世界銀行の関与は初期に限定されており、また、金額的にも大きなものではなく、触媒としての役割であったといえる。しかし、コミュニティー抵当事業の実施プロセスにおいては、現地の様々なアクターが相補的に連携することによって、一定の成果を生むことができた。

このような組織間の連携を進める上では、コミュニティー抵当事業においては、前述のＦＤＵＰ、ＣＨＨＥＤ等の中間組織等がオリジネーターとして組織化を担っていた[27]。オリジネーターには、これまで紹介した事例に見られるようなＮＧＯの他、地方政府機関等もなることができた。オリジネーターの総数は、一九九〇年代前半の時点で、地方政府：二九、ＮＧＯ：六一、政府機関：二、銀行：一で計九三組織であった。

オリジネーターという用語の使用は、必ずしも成功しなかった小規模資金融資プログラムである統合住宅融資プログラムに遡る。しかし、オリジネーターの役割は、統合住宅融資プログラムのオリジネーターが個別の受益者を扱うのに対して、コミュニティー抵当事業ではコミュニティー組織単位で扱う点で基本的差異があった。また、オリジネーション・フィーの算出方法も、コミュニティー抵当事業では一受益者当たり四〇〇ペソを国営住宅金融抵当公社の負担で支払うという方法を採用しており、統合住宅融資プログラムの方法とは異なった。以上のようにコミュニティー抵当事業におけるオリジネーターのコンセプトは統合住宅融資プログラムのものを換骨脱胎したものであったといえる。ただし、その後、コミュニティー抵当事業のオリジネーション・フィーの算出方法が変わった。融資総額の二％か旧来の積算の大きな方の額をオリジネーション・フィーとすることとされ、負担も五％のサービスチャージを受益者から取り立てて、三％分は国営住宅金融抵当公社へ約二％分をオリジネーターへという方式へ変更された。

また、コミュニティー抵当事業におけるオリジネーターの役割を支える次のようなメカニズムも存在した。第一に、オリジネーター連合団体である国民会議と国営住宅金融抵当公社との定期的対話が存在し、その結果、執行ガイドラインの修正等が行われた(28)。第二に、国民会議の代表が国営住宅金融抵当公社のオフィスに国営住宅金融抵当公社の活動をモニタリングするための机を持つようになった。

そして、結果として、コミュニティー抵当事業の回収率は、統合住宅融資プログラムより貧困者を相手にしているにもかかわらず、高くなっていた。回収率は、一九九五年七月の時点で八五%(cf. 統合住宅融資プログラム六五・八九%)となっていた。また、処理期間が長いという運営上の問題点があったが(一九九四年九月以前は平均一一・五年)、その後五〇%以上の書類を申請時に出させるようにしたので、処理期間は四―六ヵ月へと短縮された。

このように、世界銀行による外部からの援助資金が途絶える中で、国内的に資金調達を行い、様々なNGO等を巻き込むことで、コミュニティー抵当事業はそれなりの成功を収めてきたといえる。ただし、融資の回収率等はいいにもかかわらず、このようなプログラムを大規模に進めることには限界がある。制約となるのは、取引費用のかかる組織間連携を進めていく組織能力の量的限界であった。フィリピン国内のNGO、政府の組織能力にも限界がある。外部の国際組織にとっても、このようなマイクロ・ファイナンスのプロジェクトに関与することは、適切な媒介機関を設定しない限り、やはり組織能力の点から限界に突き当たると思われる。

とはいえ、フィリピンにおけるコミュニティー抵当事業の経験は、現地における実践をボトムアップにモデル化することで発展途上国における一点の住宅援助方式として定式化された。そして、世界銀行やアジア開発銀行によって海外にも一定のモデルとして発信されることになった。その意味では、興味深い相互作用を引き起こしたと思われる。

4 国際環境援助の実施を規定する諸条件——中国石炭関連環境援助の場合

中国石炭燃焼問題

東アジア地域においては経済の急速な成長に伴い、環境問題への対応も大きな課題となりつつある。特にこの地域における大国であり急速な発展途上過程にある中国の環境問題に対する対応は、単に中国自身の問題であるのみならず、地域的また世界的に重要な問題となっている。

このような課題認識を前提として、日本や世界銀行といった援助主体が中国の環境問題に対する一定の対応を試みてきたが、その実施は課題を抱えているようである。ここでは、国際的にどのようなプロジェクトやプログラムの試みがなされてきたのか、これらのプロジェクトやプログラムの実効性を規定する条件とそこに埋め込まれたインセンティブ等はどのようなものであったのかに関して検討を行いたい。

なお、ここでは中国における主たる環境問題として、中国における石炭燃焼問題を取り上げる。中国が国内エネルギーの七割程度を石炭に頼り続けている状況においては、石炭燃焼問題は重要な問題である。石炭は二酸化炭素という温暖化効果ガス、硫黄酸化物という酸性雨やローカルな大気汚染を引き起こす排出物、ローカルな影響を及ぼす煤塵等を排出するため、石炭燃焼問題に対応するといっても、様々なアクターごとに関心の所在は異なる。そして、中国の自主的対応のみに依存するのが困難な面もあるので、むしろ周辺の援助主体も環境援助を提供することで中国の環境改善を促すという方法が採られてきた。また、石炭燃焼技術や排出処理装置については、先進国では既に成熟技術となっているという事情もあり、政府レベルあるいは民間レベルで技術移転の試みも各種行われてきた。他方、国内的には、中小企業等も石炭の生産・流通・消費にかかわるため、国内における規制の実施問題は困難であった。

以下では、まず、石炭燃焼にかかわる国際援助のパターン・事例を紹介したい。この場合、国際援助に伴って、資金とともに技術や規制モデルが提供された。その上で、それらの活動の実施の実効性を規定する諸条件について検討する。

中国石炭関連国際環境援助の諸類型

対中国石炭関連国際環境援助は、大きく、供給サイドの技術に関する協力と需要サイドに関するパッケージによる協力に分けることができる。特に前者に関しては、さらに個別技術ごとに細分化させることができる。特に企業のインセンティブと行動を観察するためには技術ごとの細分化が必要である。(29)

（1） 個別技術に関する協力──供給サイド

個別技術の第一の類型として、通常の発電用ボイラーの提供をあげることができる。このための環境援助における主要な方式は外貨部分の資金支援である。中国に対しては、世界銀行、アジア開発銀行、日本の国際協力銀行等によって、多くの発電所における石炭ボイラーに対する資金援助が行われてきた。資金総量の限界等から量的制約があるが、一定程度発電用ボイラーの効率改善（ひいては環境改善）に寄与してきた。

上記のような援助機関が支援する場合、通常、例えば新規の六〇〇MW（メガワット）のボイラーを新設する場合、その熱効率は三六―三七％である。これは、中国のボイラーの平均的熱効率が三〇％程度であるのに比べると、約二〇％燃焼効率が向上していた。

しかし、この程度の効率のボイラーは、本来、必ずしも援助案件による海外のボイラー・メーカーからの調達に依存しなくてはならないというわけではない。例えば、中国国内のハルビン・ボイラー、上海・ボイラー、ドンファン・ボイラーといった主要な三つのボイラー・メーカーは、既に一九八〇年代に海外企業からライセンスを受け、通常の大規模ボイラーの製造を開始し始めていた。しかし、そのような製造能力は、これまでは、具体的案件において、あまり発揮されてこなかった。その理由の第一は、国内的には、大規模発電所を自前資金で建設する十分な投資余力がなかったことである。そのため、このような国内三大メーカーの技術力は十分には利用されてこなかった。第二に、大規模発電所の資金源になった国際援助案件に関しては、独自の調達ルールが適用されてきたことである。この調達ルールとは、国際案件への入札に際しては、同種の規模の案件への参加実績を求めるというものである。前述のように国内資金による建設（およびそれによる経験の確保）がない場合、これは援助による国際案件への参入を閉ざす障壁となりうる。第三に、中国国内の発電事業者が中国国内メーカー産のボイラーを使いたがらず、むしろ信頼性の高い海外製のボイラーを好む傾向にあったという事情がある。これはユーザー側の論理としては理解しうるものである。しかし、日本の第二次大戦後において日本の重電機メーカーがボイラー製造等の能力を身につけていく過程で、日本の電気事業者が国内のこのような発展途上のメーカーからボイラー等のシステムの購入を続けたことが、国内の重電機メーカーが製造能力を獲得する上で重要であったことを考えると、上記のような中国のユーザー＝電気事業者の選好は、国内製造能力の獲得・定着の上での阻害要因であったということができる。

個別技術の第二の類型は、高効率発電ボイラーである。一部の援助案件（例えば上海・石洞口）においては、通常のボイラーよりも効率のよいスーパー・クリティカル（Super Critical）のような技術が導入されつつある。(30) これは、環境改善効果がより高いといえる。

このような案件においても、中国のメーカーは下請として参加していた。例えば上海石洞口の事例においては、主たる落札者はＡＢＢであったが、ＡＢＢは上海ボイラーに下請に出した。さらに、一部の海外メーカーは、さらに合弁会社を設立し、そこに対してライセンスを供与している。例えばＣ＆Ｗは北京ボイラーと合弁を設立し、そこに対して包括的にライセンシングを行っている。そのため、北京ボイラーによれば、この合弁会社は既にスーパー・クリティカルをも製造する能力を身につけているという。しかし、北京ボイラーによると、このように高度の能力を身につけたにもかかわらず、特に国内の案件に関して受注することができない。その理由としては、中国政府が雇用への波及を考えて、巨大な雇用者である三大ボイラー・メーカー（特に企業城下町であるハルビンに位置するハルビン・ボイラー）への発注を優先するという事情があったとされる。

個別技術に関する第三の類型は、中小規模産業用ボイラーの効率改善技術である。環境影響という観点からは、数の相対的に限られた発電所も重要ではあるが、数の膨大な産業用ボイラーの影響も大きい。産業用ボイラーは約四〇万個程度利用されているといわれている。このような重要性を持つ産業用ボイラーに関しても、一定の技術移転の試みは行われてきた。

例えば、最終的には技術移転をめざしていると考えられるものとして、日本の経済産業省（旧通産省）によるグリーンエイドプランがある[31]。後述のような脱硫装置等のプログラムもあるが、高効率の流動床ボイラー等に関してもプログラムが構築された。これは、中国に適した簡易型の実証実験を、中国において、日本企業等と中国企業等の共同で行い、それによって中国に適した技術を開発するとともに中国側に技術を実体験させ、もって中国における環境技術の普及を図ろうというデモンストレーション・プロジェクトであった。ただ、流動床ボイラーに関しては、品質の面においても（中国の不均質かつ悪質の石炭に対応できるのか）、コストの面においても、なかなかうまくいかなかったようである。

また、単なる実証実験を越えて、正面から技術移転をめざしたものに、世界銀行が執行機関となっているGEF（地球環境ファシリティー）の産業用ボイラープロジェクト（総額三二〇〇万ドル）があった。[32] これは、中国側で九つの産業用ボイラー・メーカーと、入札等により各メーカーが選択した海外のボイラー・メーカーとの協力に関して、ライセンス料及び訓練の経費を持つというプロジェクトである。これは、枠組としては良くできたプロジェクトであったが、手続が煩雑でスケジュールが大幅に遅れたという問題、援助資金が追加性（additionality）の基準を満たすものであったのか（商業ベースではボイラー・メーカー間の取引は本当に行われなかったのか）という問題があった。また、この援助があったとしても燃焼効率等の高いボイラーの価格は従来のものと比べて高くなるのであり、実際に市場で普及するのかも課題であった。

いずれにおいても、中小ボイラーのように対象数が多くなるということは、同時に取引費用が多くなるようになるということであり、いろいろな困難に直面している。

個別技術に関する第四の類型は、石炭利用のクリーン化のためのFGD（Flue Gas Desulfurization：脱硫装置）技術である。石炭利用のエンド・オブ・パイプ（末端処理）における環境浄化、すなわち、FGDの中国市場への導入に関しても、いくつかの方策が試みられてきた。

まず、前述の経済産業省（旧通産省）のグリーンエイドプランの枠組において、様々な実証実験が行われてきた。グリーンエイドプランの規模は、一件あたり約二〇—三〇億円程度の規模であった。これは、脱硫装置に関しても、中国に適した簡易型の脱硫装置を作成し、その実証実験を中国において、日本企業等と中国企業等の共同で行うというものであった[33]。それによって中国に適した技術を開発するとともに中国側に技術を実体験させ、もって中国における環境技術の普及を図ろうとしたわけであった。実施に際してはいくつかの問題があった。第一に、日本から調達する部品の比率が高いために、コストが高かった。重慶郊外の長寿化学工場の簡易脱硫装置の例では大部分を国産化することでコストは三分の一になるとされた[34]。第二に、中国の相手方が利用者側（旧電力工業部、旧化学工業部等）であるために、高品質を求め、製造の低コスト化が十分追求できなかった。第三に、グリーンエイドプランが普及の際のライセンス料を持つものではないという問題、共同R＆D分についてどの部分が中国に権利が帰属するのかが不明確との問題等ライセンスにかかわる問題があった。第四に、根本的には、技術を持つ日本企業サイドにとって、中国における実証実験を行うまではマーケティング戦略の一環として行うインセンティブを持つものの、それを越えた技術移転に関しては、中国における知的財産権保障の現実、ブーメラン効果への恐れ等を考えると難しい面があった。

他に、ドイツの資金協力機関であるKＦW（Kreditanstalt fuer Wiederaufbau：復興金融公庫）による、北京、重慶等三つの大規模発電所でのＦＧＤ設置の試みがあった。これは有利な融資案件によるKＦWの融資を紐付援助として、ドイツのメーカー（スタインミューラー）のＦＧＤを売り込んだものである。その際、中国側は将来の国産化をにらんで、条件としてドイツメーカーと中国側の会社（竜源）とのライセンス契約を求めた（このライセンス料はドイツの援助からではなく、国家電力公司から出たようである）。ただし、このライセンス契約によって提供されたものがどれだけ実質的なものなのか、基本設計まで含むものなのか、図面にすぎないのかは不明である。

これらの試みに先立って、市場ベースで導入を図る試みもあった。三菱重工が最初のFGDを一九八八年に重慶の華能公司の発電所に導入した際は、FGDのプロセスに関するライセンス（ノウハウを含む）を含むものであった[35]。これは、華能公司がFGD市場への参入を考慮していたからであった。しかし、これは、許認可を得るための見かけという側面も強くあり、金額的にもライセンス部分は安価なものであった。なお、この華能公司は、その後、本業の発電に集中することとなり、FGDビジネスに参入することはなくなった。そのこともあり、重慶の華能公司における一九九五年の第二フェーズの導入に関しては、価格低下に焦点が当てられ、ライセンス料も含まれなかった。

（2）パッケージによる協力——需要サイド

需要を喚起するパッケージの第一の類型は、制度建設である。制度建設は、規制等を導入することで、中国国内における環境対策に対する需要を高めようという方法である。つまり、環境規制を強化することによって、国内企業等に環境対策をとるインセンティブを与えることを試みる。

制度建設を試みたものとしては、世界銀行の重慶産業改革汚染管理プロジェクト（総額約一億七〇〇〇万ドル）があげられる[36]。これは、産業改革資金（主要汚染源の配置転換のため資金、及び銀行を通した各企業等への改革資金のツーステップ融資）の提供と重慶市に対する環境規制強化の要請（具体的には硫黄酸化物の排出量に応じて徴収する排汚費の導入、及びモニタリング能力強化のための機器の提供と訓練）とをセットにしたものであった。これによって、重慶においても排汚費制度等環境規制は強化された。しかし、重慶の場合、援助慣れしていることもあり、排汚費制度は確かに導入されたが、環境規制強化の部分の実施は短期的にはあまりうまくいかなかった。

需要を喚起するパッケージの第二の類型は、モデル都市プログラムである。モデル都市プログラムは、様々な環境対応をセットにしたモデル都市を建設し、環境対策の効果を実地に体験させることによって、国内各地方政府等に環境対策をとる誘因を与えることを試みるものである。セットの内容としては、モニタリング整備、ＦＧＤの設置、排出拠点の移転等様々な構成要素が含まれる。

モデル都市建設は、日本の国際協力銀行による援助等において用いられた。例えば、前身の海外協力基金によって、南部の広西壮族自治区の柳州において、柳州酸性雨及び環境汚染総合整備事業というモデル都市プロジェクト（総額約一六八億円）が行われた。これは、大気汚染物質・水質汚濁物質の排出量の多い亜鉛工場の郊外への移転、都市ガス化事業、発電所脱硫装置設置事業のセットであった。また、一九九七年の当時の橋本首相の訪中を契機に、国際協力銀行により、大連、貴陽、重慶において環境モデル都市事業が行われることになった。

ただし、この三大モデル都市については、そもそもどの都市を対象とするのかで日中間の調整は難航したようである。沿岸部で北九州市との協力等を通して歴史的経緯もある大連を重視していた日本側に対して、中国側は自らにとって重要な問題である内陸部、特に大きな問題を抱える重慶への集中投下を期待した。結局は、これらの双方を入れるとともに、内陸部においても小規模であるために一定の成果が見えやすい貴陽を加えることで合意がなされたようである。

このモデル都市事業の場合、一つの都市に資金を集中投下するわけであるが、都市一つを受け持つだけでも大きな課題であり、援助によって目に見える効果を発揮する保証はない。また、効果がみられたとしても、それが伝播する保証はないという問題もある。

援助の実効性を規定する諸条件

以上のような国際的援助活動にもかかわらず、現状においては、中国における石炭利用に伴う大気環境等の悪化が十分改善されたとは言い難い。ここでは、様々な国際援助活動の実効性を規定していると思われる諸条件について、検討してみることとしたい[37]。

第一に、国内におけるエネルギー流通・価格等の市場条件をあげることができる。中国では、エネルギー価格は、社会政策的配慮から、低価格に抑えられていた。その結果、エネルギー利用者である企業にとっては、省エネルギーのインセンティブが働かず、エネルギー利用効率の低い設備が利用され続ける結果となっていた。石炭価格もその典型であった。その後、経済体制変容の中で、エネルギー価格は徐々に自由化されていった。一九九二年には中央の国営企業が生産した石炭の二〇%が市場で販売され、一九九三年六月には石炭価格の八〇%が自由化された。しかし、予期に反して、価格自由化にもかかわらず、石炭価格は上がらなかった。従って、価格自由化によって期待された省エネルギーのインセンティブも生じなかった。その原因は、安全基準も十分には守らない低コスト生産を行う非国営の郷鎮企業等が、大量に市場に参入したことであった。一九九〇年から一九九五年にかけて、中央の国営企業による生産の比率は四四・五％から三七・三％に減少し、他方、郷鎮企業等の非国営企業の生産比率は三六・五％から四六・二％に増大していた[38]。

また、中国の石炭市場においては、取引の多くは主要取引主体間の継続的取引によって行われてきた。そして、石炭の品質（例えば硫黄分の比率）と石炭の価格はリンクしてこなかった[39]。そのため、例えば、排出硫黄分の規制を課された発電所は、ほぼ同じ価格と低硫黄炭を利用することで規制に対応し、脱硫装置をつけるインセンティブを持たなかった（低硫黄炭が十分に高い場合には、大量処理を行える発電所は、低価格の高硫黄炭を脱硫装置で一括処理するというインセンティブを持ち得た）。その結果、発電以外の主に小規模な産業用ボイラー等の市場にはますます品質の悪い高硫黄炭等が流れ込み、これらは規制監視が事実上不可能であるため、膨大な二酸化硫黄等の排出を続けた。

第二に、排汚費のレベル・利用を含む環境規制とその実施状況をあげることができる。中国においても、一九七〇年代以降、環境法制が導入されてきた。一九八七年九月には全国人民代表大会で大気汚染防止法が採択され、一九九五年八月には改正された。その第二七条においては、国務院の環境保護部門が酸性雨規制区、二酸化硫黄汚染規制区を設定できることが規定された。この条項に基づいて、酸性雨規制区、二酸化硫黄汚染規制区の具体的範囲が議論され、最終的に一九九八年に決定された。その決定過程においては、規制拡大を図る旧国家環境保護局と規制拡大を恐れる旧電力工業部の間で、綱引きがあり、具体的規制措置としては、二酸化硫黄の排出に対して、二酸化硫黄一キログラム当たり〇・二元の排汚費が徴収されることとなった。

しかし、この二酸化硫黄一キログラム排出当たり〇・二元の排汚費では、二酸化硫黄削減対策をとるインセンティブを企業に与えるためには、不十分であることが指摘されてきた。例えば、日本のグリーンエイドプランによって設置された重慶近郊の長寿化学工場における簡易脱硫装置の場合、年間の運営経費が約六〇万元かかるのに対して、年間の排汚費節約額は一五万元であり、運営経費をカバーするだけでも四倍の排汚費がインセンティブとして必要であるということになる（さらに、この簡易脱硫装置の場合、現地生産を行ったとしても資本償却分を入れると年間経費は二〇〇万元になり、想定される副産物である石膏の販売見込み年間一八・五万元を差し引いてもインセンティブはさらに減退する）[40]。様々な試算において、排汚費を五倍程度にすることが、企業がインセンティブを持つためには最低限必要であるといわれていた。ただ、この点については、二〇〇五年になると二酸化硫黄一キログラム排出当たり一・六元という厳しい基準が導入されたようである[41]。

また、排汚費が地方環境保護局の主要な財源となっている場合が多いため、ゆがんだインセンティブ構造が生じていた。つまり、環境政策における経済的手段として排汚費を見る立場からすれば、環境損害が排出防止機器設置費を上回る場合には、排汚費のレベルは防止機器設置費用よりも高く設定する必要が少なくともある。しかし、そのように高く設定すると地方環境保護局は主要な財源を失うため、排汚費のレベルを排出防止機器設置費以下に据え置くインセンティブを持つことになる[42]。その結果、企業による排出は続くことになる。

さらに、一般的に、中国においては様々な環境規制が存在する場合も、地方の現場においてはそれらが文字通り実施されることが少なかったという問題がある。まず、中国の環境行政においては、モニタリング能力が十分ではないため、企業等の排出レベルを正確に把握することが困難であるという能力問題が存在する（そもそも人員が少ないために中小排出源を検査することは困難であり、また、大規模な排出源に対しても抜き打ち検査等が不十分であるためデータの正確さに疑義がある）。その結果、仮に脱硫装置を設置しても運転コストを削減するため運転しないということが起こる。[43] また、経済発展や国有企業改革に代表される経済改革及び環境保護という二つの課題の同時達成を求められている中国においては、前者がしばしば後者に優位する。この傾向は政府レベルでも、中央政府より地方政府において強い。その結果、地方政府においては、政策的に環境規制の実施が緩和されるということも起こる。

第三に、金融危機とそれに伴う企業のキャッシュ・フロー問題をあげることができる。中国においてもしばしば指摘される現象として、「エネルギー・パラドックス」という現象がある。これは、省エネルギーを伴う環境改善措置は、エネルギー利用の効率化によりエネルギー経費を節約できるため、環境上のプラスのみならず経済的にも利得が生じるので、経済的にも有効な投資であるにもかかわらず、そのような投資が何故なされないのかという謎を指す言葉である。[44]

このような対応の差異が出てきた理由の一つとして考えられるのは、キャッシュ・フロー（手持ちの資金）の有無である。中国においては、特に国営企業の場合、雇用には社会政策的意図もあるためリストラが難しく、他方従来の政府からの補助金は銀行からの融資に肩代わりされているため、企業債務は極度に膨らむ一方、利益率は極度に低下していた[45]。そのため、銀行も企業への融資を避けるという、悪循環が生じていた。このため、企業にとっては銀行等外部からキャッシュ・フローを確保することが難しくなり、他方内部で販売代金等の回収等によりキャッシュ・フローが生じた場合は直ちに債務の返済に当てなければならないため、たとえ利益を生むものであっても新規の投資を行うことが極めて難しくなっていた。問題がキャッシュ・フローであるということは、ここでの課題である環境関連投資にとっても大きな含意を持っていた。しばしば、環境関連投資が行われないのは、それらのコストが高いからであり、コストを下げればそれらへの投資は普及するはずであるという議論が行われている。その場合、コストを下げる必要があるというのはその通りなのであるが、問題がキャッシュ・フローであるということは、コストを下げたからといって、キャッシュ・フローが確保されない以上、普及する保証はないことを意味する。

このような金融危機は、環境関連設備の利用者だけではなく、設備の生産者の方にも大きな影響を与えている。例えば、中国における三大ボイラー会社の一つであるハルビン・ボイラーの場合も、取引先からの多くの未回収債権があり、他方その結果自らも多くの未払い債権を抱えているという債務連鎖に陥っていた。その結果、新規投資が難しくなっており、特にそのしわ寄せは、研究開発投資に及んでいた。極めて少額しか技術改善のための研究開発投資に回せなかった。また、自前の資金から新技術獲得のためのライセンス料を支払うことも難しくなっていた。

第四に、国内の産業関連政策・規制をあげることができる。技術移転を阻害する産業関連政策・規制として、以下のようなものを指摘することができる。まず、中国におけるライセンスに関する法制の運用の問題が存在した。中国においては、ライセンス期間が法制により他の諸国より短期に限定されており、また、ライセンス期間終了後は当該技術をライセンスされた側が使い続けることができることになっていた。また、中国の技術導入に関する法律である「技術導入契約管理条例」（一九八五年制定）及びその「試行細則」（一九八八年制定）によると、「供与側の役務欠陥等により、受入れ側に波及的に生じた損害に対し、供与側は無限的な責任を負う」、また、「供与側は、導入技術が当初の目的通りの効果が発揮できるよう、保証しなければならない」と規定されていた[46]。これらの技術供与側の責任、性能保証に関する責任は、技術供与側に大変厳しいものであった。その結果、技術所有企業としては、中国企業にライセンスを行うインセンティブをそがれていた。

それに対する一つの解は、外国企業が中国企業と合弁企業を設立し、その合弁企業に対してライセンシングを行うという方法であった。その場合は、ライセンス期間終了後も、合弁企業の株主として外国企業は一定の利益を享受することができた。しかし、他方、この方法には、後述のように初期投資が大きいという短所もあったため、あまり使われなかったようである[47]。

次に、中国においては、様々な部分の技術要素を統合して管理するという、エンジニアリング会社というコンセプトが不存在であったことがあげられる。そのため、中国においては、製造プロセスにおける機能が、設計、部品製造、試運転、検査等を担う様々な組織へと分解されていた。これは、日本以上に強い社会の縦割り構造の反映でもあった。その結果、中国においては統合的な技術移転が遅れることとなった。そのような状況に対する対応として、例えば、荏原製作所は、中国の国家開発計画委員会と協力して、国家エバラという初めてのエンジニアリング会社を合弁で設立した[48]。

さらに、前述のように、中国国内における差別的調達の実行という問題もあった。つまり、C＆Wと合弁会社を設立していた北京ボイラーにみられるように、一定の製造能力を持ちながらも、企業城下町の雇用の維持といった観点から三大ボイラーメーカーが優遇されるために、結果として技術力を発揮できないという場合があった。この場合、問題は技術移転そのものではなく、移転された技術の利用であったということができる。

また、技術開発におけるリスク配分の問題もあげることができる。前述のように、中国国内の発電事業者には中国国内メーカー産のボイラーを使いたがらず、むしろ信頼性の高い海外製のボイラーを好むという傾向があった。しかし、これでは、技術開発のリスクを製造メーカーがすべて負うということになり、なかなか技術移転・技術開発が進まないということになる。

第五に、援助の実施を引き受けることになる援助国内の多国籍企業のインセンティブをあげることができる。中国の石炭燃焼問題という世界的な課題に対応するために、多くの政府や国際機関の文書には「技術移転」の重要性というものが指摘されている。確かに、「技術移転」というものが実現され、中国国内において当該技術を用いる環境産業が確立されれば、中国国内において自律的に石炭利用の効率化・クリーン化が進むので、援助国の政府や国際機関にとっては安上がりの政策であるということになる。しかし、当該技術を保有しているのは、多くの場合、援助国政府や国際機関ではなく、民間企業である。従って、「技術移転」の実効性を規定するものとして、各企業の企業戦略は大変重要な要因となる。

「技術移転」につながりうる企業の具体的戦略としては、下請、ライセンス供与、合弁会社設立がある。通常この順序で企業の海外パートナーとの協力の程度は深くなっていくのであり、それだけ実質的「技術移転」の可能性は高まると考えられる。下請の場合、下請される部品の設計と製造方法のみが移転されるのに対して、ライセンスの場合には基本的には全体の設計が移転され、合弁会社の場合は技術提供企業側が生産された製品の品質維持にまで利益を持つため設計のみならず実際の製造に伴う様々なノウハウ等まで移転される。

他方、協力の程度が進むに従って、技術を保有する企業の意思決定は困難になる。下請であれば生産経費を削減でき、技術を盗まれるリスクも小さいので、技術保有企業にとって意思決定は比較的容易である。しかし、ライセンス供与になると、技術を盗まれるリスクやライセンス料の未払いになるリスクが高まり、場合によっては第三国市場等でライセンス被供与企業との競争にさらされるリスクも高まる。さらに、合弁会社設立となると、提供された技術の利用の経営にまで関与することによって技術の盗難やライセンス料未払いのリスクを削減することができるが、初期において大きな投資コストを要求されるため意思決定はかなり難しくなる。従って、要求される「技術移転」の程度が進むに従って、それだけ技術を保有する企業側が躊躇するというのは理解できる話である。[49]

このような独自の企業戦略のダイナミズムのため、国際機関や政府機関の援助活動を「技術移転」につなげるというのは容易な話ではない。例えば、GEFの産業用石炭ボイラー効率改善プロジェクトにおいては、先進国の企業からの技術ライセンス料分を援助で持つことで、ボイラー技術の移転が試みられた。しかし、企業がライセンシングに参加するには、十分なライセンス料がとれるのか、技術の盗難のリスクはどのくらいあるのか等様々な考慮事項がある。そのため、このプロジェクトには日米欧の大手の企業は参加せず、一部の欧米の中小メーカーのみが参加することになってしまった[50]。

また、日本のグリーンエイドプランの場合にも、中国における実証実験後は商業ベースで「普及」が進むことが期待されていた。しかし、グリーンエイドプランの場合、そもそもライセンス料部分を援助で持つことが日本の国内法制上難しく、また、中国における環境関連技術の市場規模の不確実性や技術盗難のリスクがあるため、技術保有企業は単品をショーウインドーとして輸出する実証実験にはそれなりに熱心であったが、なかなかそれより先の「普及」までは進まなかった。

補論：援助の供給を規定する国際的条件

ここまでは、援助の実効性を規定する諸条件に関して検討してきた。最後に、このような援助の供給量を規定する国際的条件について、若干補っておきたい。これらの諸条件は、援助の供給量を規定することを通して、最終的に、援助の実効性にも影響を及ぼす。

第一に、ODAの定義には含まれないが、援助としての機能を果たしうるCDM（Clean Development Mechanism）の制度設計をあげることができる。一九九七年一二月に温暖化への対応のために採択された京都議定書では、排出ガス削減単価の安い発展途上国等において先進国が義務の一部を履行する代わりに、先進国が発展途上国等に対して資金等を移転するメカニズムとして、排出権取引、共同実施、ＣＤＭの三つが規定された。このうち、排出権取引と共同実施は、京都議定書で具体的排出削減義務を負った Annex I 諸国（先進国及びロシア等）が対象であるのに対して、ＣＤＭは中国を含む非 Annex I 諸国が対象であった。

このＣＤＭのプロジェクトとして認められる条件として、追加的であること（additional）が求められる。これは、当該プロジェクトがない場合の将来の温暖化ガス排出量（ベースライン）よりも、プロジェクトの実施により排出量が少なくなることを意味するともいえる。この追加性の要求を、具体的にいかなる枠組で判断するのかによって、資金移転が影響をうける。実際には、取引費用が高いため、なかなか実施されないようである。

第二に、ワシントンにおけるＮＧＯによる「反石炭」の運動といった「国際」環境政治圧力をあげることができる。世界銀行等の本部が置かれているワシントンでは、多くの環境関連ＮＧＯ等が活動している。そういったＮＧＯの中には、地球温暖化が問題になる中で、世界銀行やＧＥＦのような国際機関が石炭のような化石燃料の利用を支援するような「汚い」プロジェクトを行うのはおかしいという議論を行っているものも多い。

そのようなＮＧＯの一つとして、ＳＥＥＮ（Sustainable Energy and Economy Network）があ

る。[51] SEENは気候変動問題やそれに関連するエネルギー利用問題に関心を持っており、具体的活動として、世界銀行のような国際金融機関や各国政府機関（二国間の援助機関、輸出信用供与機関）の途上国における投資活動に関して情報収集を行い、それらの投資を気候変動との関連から評価している。そして、中国における石炭関連の火力発電所等のプロジェクトにはきわめて批判的である。このようなNGO等の批判もあり、世界銀行は石炭関連プロジェクトを維持しているがそれでも慎重になってきた。そのため、GEFのような機関の場合、GEFの初期においては、前述の中国の産業用ボイラーの効率改善を目指したプロジェクトがあったが、その後は難しいという。ただ、IGCC（Integrated coal Gusification Combined Cycle：石炭ガス化複合発電）のような開発途上のハイレベルの技術の場合、GEF資金供与の可能性はありうるようである。

このように、ワシントン等におけるNGOの批判により、一部の援助機関等においては中国の石炭案件に関与することが困難であった。しかし、客観的には、七割近くのエネルギーを石炭に依存している中国の場合、石炭をいかに環境にクリーンな形で使い続けるのかというのは重要な課題であり、上述のような態度は少なくとも中国に関しては、重要問題に関する国際的関与を阻害するというマイナスの影響を与えていると思われる。

第三に、前述のヘルシンキルールという貿易の観点からの国際ルールをあげることができる。ヘルシンキ・パッケージにおいては、コンセッショナリティー比率が三五％から八〇％である場合には（例えば日本政府が実施している環境特別低利融資もこのカテゴリーにあてはまる）、紐付援助にする条件としてＣＮＶ（Commercially Non-Viable：非商業性）であることが求められる。ここで問題となるのはＣＮＶあるいはＣＶ（Commercially Viable：商業性）の判定基準である。第一に、現在の運用においては、事実上セクター・アプローチがとられ、どのようなセクターかによって事実上、ＣＶかＣＮＶかが決まる傾向がある。例えば、火力発電においては多くの場合ＣＶとなり紐付援助が否定されるのに対して、水力発電や再生可能なエネルギー源に関してはＣＮＶとなり紐付援助が認められる。また、産業用ボイラーの効率改善のようなものも確実にＣＶになると思われるのに対して、上下水道事業のようなものはＣＮＶになる。第二に、判定の際の基本的ユニットは最低限の生産的単位とされている。そのため、既存の発電所にＦＧＤを付加する場合も、ＦＧＤ自体は生産的単位ではなく、生産的単位は発電所となるために、発電所全体として判定されることになる。そのため、ドイツによるトルコの発電所に対するＦＧＤ付加の事例では、発電所全体ではＣＶであるとして、紐付援助が否定された[52]。

このようなヘルシンキルールの存在は、ここで対象としているような環境援助に対して、二つの影響を与える可能性がある。第一に、アンタイド化を進めることで援助の効率的利用を促進する反面、援助に対する国内的支持を減らし、その結果として、援助の総量が減少する可能性がある。第二に、援助の案件選択に影響を及ぼす可能性がある。援助主体国が、国内支持等を考慮して紐付援助を維持しようとした場合、案件が火力発電や産業セクターから、水力発電、再生可能なエネルギー等へ移ることとなる。これ自体をどのように評価するかに関しては、様々な判断があり得るが、ヘルシンキルールの根幹にある貿易という視角からのみその決定が行われることには問題がありうる。

インセンティブ・能力の構造とその含意

以上、国際援助の実効性を規定する諸要因を整理してきた。国際援助は、資金、技術、規制モデルを提供することにより、一定の影響を及ぼしてきたが、その実効性は必ずしも十分ではなかった。また、その過程では、様々な主体・要因との相互作用が観察された。具体的には、以下の点を指摘することができる。

第一に、環境に関する国際的な関心と国内的な関心のディレンマが存在した。例えば、国際社会は国境を越えて影響を持つ温暖化や酸性雨といった大気問題に関心を持つのに対して（そして石炭利用はこれらの問題の源泉であると象徴的に認識された）、中国政府は国内的影響の大きい水問題や内陸の砂漠化問題といった問題に関心を持っていた。また、同じ大気問題の中でも、酸性雨や温暖化ではなくローカルな影響を持つ煤塵や硫黄酸化物に関心を示していた。

第二に、受入国国内における分野間、中央政府地方政府間でのディレンマが存在した。中国においては、環境保護よりも経済成長が優先される傾向があり、その結果、中国においては、環境基準は存在するものの、それが実際にはモニタリングや執行が不十分であるため実施されていないという場合も多かった。このような経済優先の姿勢は中央政府以上に地方政府において強かった。地方政府における環境規制の不十分な実行は、地方政府の環境担当部局の能力やインセンティブ（排汚費への財源の依存）の帰結でもあった。

また、技術移転に際しては、受入主体が製造側か利用者側かによって、国内における技術能力育成を重視するのか、製品の質を重視するのかの選択が異なった。

第三に、環境政策と産業政策・経済政策の接合に伴う問題が存在した。環境規制を実施していくためにはそのような規制を満たす技術が存在する必要があり、また、そのような技術は一定程度安価なものである必要がある。そのような観点から、「技術移転」によって、技術を中国内の企業に移転し、その上でその国内企業が安価な技術を浸透させるということが意図されてきた。しかし、このような政策は、高品質を求める受入国のユーザーのインセンティブや技術を保持する企業のインセンティブの問題もあり、実施に困難が伴った。また、雇用政策上の理由で技術が移転されている国内企業を活用できない場合も見られた。

さらに、中国における石炭燃焼関連環境問題の解決は、中国国内における経済構造全体の改革とも連関していた。国際援助の実効性を左右していた重要な要因として、エネルギー市場の不完全性、金融市場の不完全性があった。これは、経済構造全体の再編とうまく連携しない限り、環境対応の進展は望めないことを意味する。また、技術移転の進まない一つの要因は中国国内における知的財産権法制であった。また、エンジニアリング会社というコンセプトの不在といった問題もあった。これらの点に関する一定の改革も、経済構造改革の一環として不可欠である。

第四に、環境政策と社会構造・政治構造の接合に伴う問題が存在した。中国国内における環境規制行政の能力やインセンティブの問題には、確かに、モニタリング制度・機器等の改善によって対応できる部分もある。しかし、環境規制の実効性を高めるためには、最終的には社会的圧力の役割が大きい。そのためにはやはり中国国内におけるＮＧＯ等による運動の組織化が不可欠となる。その場合、中国の現体制固有の課題として、いかにして環境保護運動を体制反対運動と差別化するのかという課題が存在する。

5　国際援助の実効性を規定する現場の諸条件

本章では、資金、知識、技術、人的資源の提供を伴う国際援助が、現場においてどのような相互作用を引き起こすのかについて検討してきた。以上の分析を通して、国際援助の実効性を規定する現場の諸条件は、主要な主体に注目すると、以下のように整理することができると思われる。

第一に、受入国内における地方政府のインセンティブと能力をあげることができる。インドネシアの地方分権化においては、地方政治のダイナミズムは分権化を強化する方向で自律的に展開した。また、中国の環境規制においては、中央政府以上に経済成長を重視する地方政府のインセンティブ、地方環境部局の能力不足及びその財源を排汚費に依存していることにより、地方政府の環境規制の実施は弱体化された。

第二に、ＮＧＯの活動も実効性を規定する要因であった。フィリピンの住宅政策においては、様々なＮＧＯと政府が連携する中で、一定の実効性が確保された。これは、当初、世界銀行が関与したが、その後は世界銀行が撤退する中で実効性が確保されたという点で、興味深い事例であった。ただし、その処理能力には、一定の限界があった。他方、中国の環境規制に関しては、NGO等による社会的圧力が不十分であったことが、その実効性の欠如の背景的要因であった。

第三に、企業のインセンティブも実効性を規定する要因であった。特に、技術移転を志向する案件においては、企業が技術の実質的な所有者であったため、企業の役割は大きかった。国際援助の実施を期待された援助国内の企業は、しばしば技術流出を恐れて積極的なコミットメントを自重した。他方受入国内においては、労働問題等への配慮から、技術を有する企業の能力を十分活用できない場合もあった。

第四に、中央政府においても、部局によりインセンティブが異なっていた。製造側の部局は、国内の技術能力を高めることにインセンティブを持っていたが、利用側の部局は、質のよい製品を短期的に確保することにインセンティブを持っていた。また、地方政府が独自のダイナミズムで暴走した際に、どの程度コントロールが可能かは、中央政府の能力に依存していた。

なお、国際援助の実効性を規定するのは、必ずしも受入国の現場の条件だけではなかった。国際的ルールの設計や運用、援助国内のNGOの発言力、国際機関の処理能力等も、援助の供給量等を通して、国際援助の実効性に影響を与えた。

このように、国際援助の実効性は限定されていた。しかし、そもそも投入される資源の絶対量が限定されているという国際援助の性格を考えると、少ない資金を他の国際援助に伴う資源（知識や技術のような情報、規制モデルのようなルール）と組み合わせることや現地における連携を通して、それなりに実効性確保の工夫をしてきたともいえる。

Ⅳ章 アカウンタビリティーの確保

1 はじめに――評価制度の役割

本章では、評価制度とその運用を中心に、国際援助におけるアカウンタビリティー確保のメカニズムについて分析する。

距離の離れた現場における実施活動を伴う国際援助には、不確実性が不可避である。ハーシュマンの指摘するように、潜在的な課題に関する不確実性について決定時点においては無知であるが故に、困難な案件に関与して、結果としてうまくいくという面もある（the principle of the hiding hands）[1]。しかし、無知が常に報われるわけではない。逆に言えば、国際援助活動においては、意図せざる結果も含めて、事後評価を行うことは現実に関する認識を深める上で重要となる。当初の目的と現実とを付き合わせる枠組として、評価作業において使われる「ロジカル・フレームワーク」あるいは「成果枠組」といった手法が開発されてきた。このような意図と現実の差異の確認は、それをフィードバックすることにより、変化を伴う意思決定を行う際の基礎ともなる。

また、国際援助においては、援助国におけるアカウンタビリティー、すなわち納税者に対するアカウンタビリティーと、受入国におけるアカウンタビリティー、すなわち受益者に対するアカウンタビリティーという、二重のアカウンタビリティーが求められる。その意味では、国際援助に関する評価制度の運用は、二重のアカウンタビリティーの要請をいかに調整するかという課題を有することになる。

このような観点から、本章では、国際援助に関するアカウンタビリティーを確保する上での手段として、評価制度に注目する。評価制度は、援助プロジェクト等の実効性を測定する手段として、受益者に対するアカウンタビリティーを明示化するために発達してきた。しかし、これは、直接の受益者を持たない援助国内において成果を明示することによって支持を獲得しようという動機に基づく、納税者に対するアカウンタビリティー手段としての性格も持っていた。評価制度は、近年は国内行政においても広く用いられるようになってきたが、各国内においては国内行政における評価制度の活用に先立って、国際援助において評価制度が活用されてきたという面がある。これは、国内に直接の受益者がないが故に、国内的支持調達のために評価制度の活用が要請されたと解釈することができる。ただし、この二つの要請が常に両立する保証はない。

さらに、このような評価制度は、国際援助行政の変化のマネジメントの手段としても重要になりつつあり、このような変化を援助国の納税者や受入国の受益者に対して正当化する、あるいは説明するための手段ともなっている。つまり、援助主体におけるマネジメント手段として、評価の占める位置が大きくなっているといえる。

また、近年は、受入国の主体からの異議申立を援助主体が直接受け付けるという新たな制度が導入されつつある。受入国に対するアカウンタビリティーの確保は、基本的には援助主体と受入国政府とのチャンネルに依存しており、援助主体と受入国内の異議申立者との新たなチャンネルはあくまでも補完的なものにとどまる。しかし、このようなチャネルが、援助主体の内部のマネジメント上の要請もあり制度化されたことは注目に値する。

本来であれば、受入国内における評価のメカニズムも国際援助のアカウンタビリティーの確保という観点からは重要である。しかし、現実には、援助主体（donors）による評価の果たす役割が大きいため、本章では主として援助主体内の評価メカニズムに焦点を当てる。これには、Ⅱ章及びⅢ章において受入国内における管理プロセスに焦点を当ててきたのに対し、援助主体内の管理プロセスも分析対象としたいという意図もある。また、援助主体内において、企画部門、予算策定部門、評価部門の関係をどのように設計するのかという援助主体内の多元性の設計と運営の問題も重要である。この点についても言及したい。

以下では、まず、二国間援助機関としてアメリカにおける評価制度と、多国間援助機関として世界銀行における評価制度を分析する。その際、既に様々な解説が存在する評価の手法自体よりも、それらが発展してきた経緯、また、それらの利用プロセスに注目したい。評価というプロセスは、一定の外部者もかかわる一大業界であり、その姿を距離をもって客観的に観察する必要性も高い。評価プロセスは一定の変化のメカニズムであるとともに、一定の限界を持つ。最後に、新たな試みとして、世界銀行等における異議申立制度についても検討することとしたい。

2 アメリカの援助評価

まず、これまでのアメリカの援助評価活動を検討し、その特質及び課題について考察したい。

アメリカの対外援助は、第二次世界大戦後のマーシャルプラン以降の豊富な経験を有している。援助評価に関しても、一九六〇年代以降の援助形態の変化に対応して、様々な手法が考案、検討されており、また、一九八二年以降、OECDのDACの援助評価専門家グループにおいて活動をリードしてきたのもアメリカであった。また、アメリカでは、NPM（New Public Management）等の文脈の中で、援助評価の位置付けが再検討されており、その意味でも興味深い。評価活動における基本的な手段である「ロジカル・フレームワーク」や「成果枠組」といった手段も、アメリカにおける実践の中から展開してきた。

以下、アメリカの援助組織と評価の位置付けについて概観し、次いで、USAID（アメリカ国際開発庁）における評価活動の歴史的展開、制度と運用[2]及び最近の展開について検討する。

アメリカの援助組織と評価の位置付け

アメリカの援助は、内部が複数のプログラムに分化している。例えば、通常の開発援助（Development Assistance）プログラム以外に、経済支持援助（Economic Support Fund）プログラム、東欧民主主義国支援（Support for East European Democracies）プログラム、国際災害支援（International Disaster Assistance）プログラム等がある（ADS六〇一・五・三）[3]。そして、各々、目的と手続きが異なる。

アメリカにおける対外援助の主たる担い手であるUSAID（アメリカ国際開発庁）は、一九六一年対外援助法（Foreign Assistance Act of 1961）によって設立された[4]。他の関係省庁としては、国務省、財務省、農務省等がある。国務省は援助の外交的側面に関して関与するわけであるが、その具体的内容は援助の種類により異なる。例えば、開発援助の場合USAIDの独自性が強く国務省の関与する度合いは少ないが、経済支持援助の場合、安全保障上の考慮が働くため、国務省の関与する度合いは大きい。USAIDの基本的組織構造は、ワシントンにある本部と各相手国に存在するミッションからなる。マーシャルプラン以来の伝統としてアメリカの場合、ミッションに大きな資源と権限を与えた分権的構造をとっており、職員構成においても分権的構造をとっている。

USAIDは一九九〇年代に入ると様々な組織再編を経ることになる。まず、一九九一年一〇月に組織再編が行われ、政策部門（Directorate for Policy）と財務・管理部門（Directorate for Finance and Administration）が並立することになった。政策部門には、評価活動を担うCDIE

(Center for Development Information and Evaluation) の他、戦略計画室 (Office of Strategic Planning) が存在し、財務・管理部門には、予算室 (Office of Budget)、財務管理室 (Office of Financial Management) 等があった。評価・戦略計画機能と、予算財務管理機能とを分立させる組織改革には予算等の伝統的管理手段からあらたな管理手段としての評価機能を自立化させようとの意図が感じられた。この組織再編の背景には、一九九〇年一〇月のUSAID長官ロスケンによる「評価イニシアティブ (Evaluation Initiative)」の開始があった。「評価イニシアティブ」は、「結果志向管理 (Managing for Results)」の一環として評価機能の強化を図るものであり、その結果CDIEの責任は拡大され、組織、人員も以後二年間で約三倍となった(5)。しかし、このような体制は短期間で終了した。

USAIDの内部管理体制は、一九九四年以降、ゴア副大統領の下での再構築 (Reinvention) のための政府改革により、大きく変わっていくこととなった (ADS二〇〇・三・一・一)。一九九三年に議会を通過したGPRA (Government Performance and Results Act) により、連邦政府機関は政策目標を明らかにし、毎年度その達成度を明らかにすることが求められた。その結果、一九九五年にADS二〇一―二〇三のプログラム・アプローチが導入され、一九九九―二〇〇〇年にはこれらが再検討されADS二〇〇が追加された。また、二〇〇二年にもこれらはアップデートされた。

このような中で組織体制も再構築され、現在の組織体制が構築されることとなった。USAID本部における一つの核は伝統的に諸地域局であった。現在もアフリカ局、アジア近東局、ラテンアメリカ・カリブ局、欧州ユーラシア局が存在する。もう一つの柱として、技術的支援等を行う機能局が存在する。例えば、地球衛生局、経済成長・農業・貿易局、民主主義・紛争・人道支援局がある。また、調整機能を担う部局として、管理局（Bureau for Management）、政策企画調整局（Bureau for Policy and Program Coordination）が存在する。政策企画調整局の内部に、評価を担当する開発評価情報課（The Office of Development Evaluation and Information）や予算等を担当する資源配分課（The Office of Resource Allocation）が存在する（ADS一〇一）。つまり現在では、政策企画調整局の下、評価機能と予算機能は再統合されている。

そして、一九九七年には具体的目標を体系化した「機関戦略計画（Agency Strategic Plan）」が策定され、二〇〇〇年には改訂された。これらの戦略目標は、現在の組織の下では、政策企画調整局の戦略パフォーマンス計画課（The Office of Strategic and Performance Planning）が管理している（ADS一〇一・三・一・六）。

また、アメリカは、九・一一事件の後、国際援助を大幅に増額し、新たな援助チャネルとしてUSAIDとは別にMCC（Millennium Challenge Corporation）を設立した。

USAIDの評価活動の歴史的展開

USAIDにおける、プロジェクト評価方法の議論・適用は、一九九〇年代半ばまでの時期をおよそ四つに分けて整理することができる(6)。

第一段階は一九六〇年代である。この時期のＵＳＡＩＤのプロジェクトの中心は、資本集約型の基盤整備プロジェクトであった。このカテゴリーのプロジェクトは経済収益分析の比較的容易なものであり、主として用いられた評価方法も経済収益率（economic rate of return）分析であった。

第二段階は一九七〇年代である。一九七三年には、当時の新しい援助政策方針として「新次元（New Dimension）」が発表され、いわゆるＢＨＮ（Basic Human Needs）アプローチが採用された。その結果、プロジェクトの中心は、資本集約型基盤整備プロジェクトから、保健衛生等ＢＨＮを満たすものへと変わっていった。ＢＨＮ充足型プロジェクトの場合、経済収益の分析は難しいので、新たな評価方法が模索されることとなった。

その結果、現在でも広く用いられている、ロジカル・フレームワーク（Logical Framework）という方法が開発された。ロジカル・フレームワークの基本的発想は当初目標に対する実際の達成度を測定しようとするだけものであり、経済収益率分析のように投下資源と達成された効用とを比較するという発想ではない。具体的には、目標（goal）、目的（purpose）、産出（output）、活動（activities）という当初目標のレベルと、各レベルに対応する指標が予め設定され、評価時に各指標の達成度とその要因が判断され、記入されることになった。

この枠組を利用しつつも、指標達成度及び要因の判断にどれだけの厳密さを期するかについてはいろいろなバリエーションがありうる。そしてこの時期には、本部レベルのガイドラインとして、準実験計画法の利用という比較的厳密な統計的アプローチの利用が規定された。しかしその厳密さ故に実際にはほとんど適用されなかった。

第三段階は一九八〇年代前半である。一九七〇年代末以降、方法に関する実態とガイドラインのギャップに対処する必要が認識され、二つの対応がとられた。第一に、これまで本部レベルで評価方法のガイドラインを設定していたのを改め、評価方法のガイドラインは、各局（地域局等）、ミッション・レベルで設定することとした。第二に、厳密な統計的方法に代わって、「迅速かつ低コストの方法（rapid low-cost methods）」と呼ばれる定性的評価方法の開発が進められた。[7] 新たな評価方法においては、評価方法の利用者の利用しやすさに考慮が払われ、また、評価活動に対する利害関係者（執行責任者、相手国政府）の参加が推進された。迅速かつ低コストの方法としては、①key informant interviews（特定のトピックについて、よく知っている者と深く議論する方法）、②focus group interviews（司会者のもとで参加者が相互に議論する方法）、③community interviews（代表的な共同体、村落を選定し、その会合において二人以上の調査員がインタビューする方法）、④直接的観察（現象、過程、物理的施設を詳細かつ包括的に観察する方法）、⑤非公式調査（変数を限って、小規模かつ非確率的サンプリングを行う方法）等がある。

第四段階は一九八〇年代後半以降一九九〇年代初頭までである。前述の「迅速かつ低コストの評価方法」に関する研究はこの時期も続くが、新たな傾向として次の点を指摘することができる。第一に、非プロジェクト援助即ちプログラム援助の増大に対応してプログラム援助に関する評価方法の検討が行われ、一九八七年版のＡＩＤ評価ハンドブックではプログラム援助も評価対象であることが明示され、実際、プログラム援助の評価も行われることとなった。第二に、既存のプロジェクト評価等の机上の作業による比較分析やその総合によって、セクター・レベル、政策レベルでの評価が作成されるようになった。これらの評価は、前述のUSAID長官ロスケンによる「評価イニシアティブ」において、シニアマネジメントの決定を助けるものとして重視された。この種の評価活動は強化されたCDIEによって主に行われた。

一九九〇年代初頭におけるUSAIDの評価制度と運用

(1) 評価の類型

USAIDの諸活動全体のガイドラインを定める『AIDハンドブック』において評価制度に関するガイドラインも定められてきた。一九八〇年に発行された『AIDハンドブック第三版』の改訂版として一九八七年に『AID評価ハンドブック』が出された[8]。

USAIDで一九九〇年代初頭に行われていた評価の諸形態は主に五つに整理される。

第一の形態は、進行監理・評価 (ongoing monitoring and evaluation) である。これはマネージャー(内部者)が進行状況を把握するために行う。調査、測定の主な対象は、財務会計データ、投入、産出であり、開発目標、目的の指標の測定は限られる。情報源は、既存の管理業務記録、小規模サーベイあるいは迅速かつ低コストの調査である。しばしば、監理と評価は峻別されるが、ここでは明確に区別されてはいない。

第二の形態は、中間評価（interim evaluation）である。これは主に、執行過程での問題解決、政策対話促進等のために行われる。評価主体の違いによって、プロジェクトスタッフ自身による内部評価と外部専門家評価とに分かれる。

第三の形態は、ＰＡＣＲ（Project Assistance Completion Report）、終了評価（final evaluation）である。ＰＡＣＲはすべてのプロジェクトに義務づけられている。この場合、ＵＳＡＩＤ職員自身が、投入、産出、終了時状況、持続可能性、教訓等を記述する。他方、終了評価は同様のトピックに関して評価がなされるが、外部評価者によってより深く評価がなされる点が異なる。これは、フォローアップが予測される場合に、各ミッション、各室の決定に基づいて行われる。そして、終了評価が行われた場合、ＰＡＣＲは免除される。

第四の形態は、事後評価（ex post evaluation）である。事後評価は、プロジェクトの完成後に、効果、インパクト、持続可能性を測定するために行われる。その際、インパクト等を左右する、経済的、社会的、政治的要因に注意が払われる。一九八〇年代前半に集中的に、インパクト評価シリーズ（Impact Evaluation Series）が発行された。これらは、プロジェクトレベルのみならず、セクターレベルの課題や横断的課題（制度建設、開発過程における女性の役割等）をも対象とした。

第五の形態は、特別評価研究である。具体的には、セクター評価や、あるタイプのプロジェクトの比較研究等である。これらは、政策変更等を支援するために行った。

全体として、進行監理・評価、ＰＡＣＲの作成は昔からなされてきたのに対して、中間評価、事後評価、特別評価研究は相対的に新しい活動であったといえる。

(2) 評価制度の運用

USAIDは、評価を実施するに先立ち、詳細な「評価要領(Evaluation Scope of Work)」を執筆することを求めていた。この評価要領は、評価の質を高めるためには決定的に重要なものである。評価要領は以下に関する部分を含むことになっていた。

①評価対象(プロジェクトの場合、承認番号、タイトル等)
②評価目的
③背景
④課題:主観的解釈ではなく経験的証拠を解答のために必要とするような具体的問題設定であることが求められる。
⑤データ収集、分析方法、手続
⑥評価チームの構成(言語能力、技術的能力、経験、性別に関する必要条件を特定):評価チームの構成をめぐっては、いくつかのガイドラインが示されている。第一に、多様な専門分野の専門家によって構成されるようにするとともに、少なくとも一人の評価専門家を含むようにする。第二に、終了評価、事後評価は当該プロジェクト非関係者のみで構成されねばならない。アメリカ

人とともに相手国のメンバーも参加するようにする。他方、中間評価は、プロジェクト職員と外部評価者の組み合わせによってなされるようにする。第三に、当該プロジェクトに関係していないUSAID内部職員の利用が望まれる。内部職員の利用によって、通常業務との連関を確保し、経験、教訓の伝達を容易にすることができる。

⑦報告事項の特定：評価報告書は、要約、三〇ページから四〇ページの本文、付属書等から構成されるべきだとされる。本文には、評価目的、経済的政治的社会的文脈、評価チームの構成、方法、証拠、発見、結論、勧告が含まれ、付属書には、評価要領、ロジカル・フレームワーク等が含まれる。

⑧財源

そして、最終的評価報告書には「AID評価要約（A.I.D. Evaluation Summary）」が添付された。AID評価要約は、評価チームのメンバーによってではなく、当該評価活動に対して責任を持つUSAID内部職員によって執筆された。AID評価要約は、評価に対するマネジメント側の最初のレスポンスを求める制度だということができる。AID評価要約は二部から構成されるが、その第一部では、評価結果に基づいてとられる行動のスケジュール、行動の責任者、行動の時期が示された。

以上の最終評価報告書とAID評価要約をまとめて、ミッションのプロジェクトの場合は、自らの所属する地域局と本部の評価情報担当部局に、本部各部局のプロジェクトの場合は、他の関心を持つ部局と本部の評価情報担当部局に送られた。公式的なレビューの制度としては、プロジェクト・レビュー委員会（Project Review Committee）、上級マネージャー会議（Meeting of Senior-level Managers）があった。

一九九〇年代中盤以降の戦略目標の管理と評価

一九九四年以降の公共部門改革の中で、援助評価は行政組織自体のパフォーマンスの体系的評価の中に位置づけられるという新たな段階に入った。一九九三年に議会を通過したGPRA（Government Performance and Results Act）により、連邦政府機関は政策目標を明らかにし、毎年度その達成度を明らかにすることが求められた。その結果、USAIDにも一九九五年にADS二〇一―二〇一に基づくプログラム・アプローチが導入され、一九九七年には具体的目標を体系化した「機関戦略計画（Agency Strategic Plan）」が策定され、二〇〇〇年には改訂された。

「USAID戦略計画一九九七（二〇〇〇年改定）」では、戦略目標（strategic goal）、戦略目的（strategic objective）、アプローチ（approach）の体系で政策目標が整理された。しかし、現在の「戦略計画二〇〇四―二〇〇九」においては、体系は戦略目的（strategic objective）、戦略目標（strategic goal）、パフォーマンス目標（performance goal）へと変化している。

この戦略計画の策定は、GPRAの基準とOMBのガイドラインに従って、USAID内では政策企画調整局が中心となって行う。ただし、その過程では、内部の各部局や外部の議会、国務省、OM

B等と協議を行う（ADS二〇一・三・二・一）。USAIDの現在のプログラム策定プロセスにおいて、戦略目的は基本的単位であり、資金の要請、成果の達成、報告等もこの単位で行われ、事業部門（operating unit）の活動の基礎となる（ADS二〇一・三・七）。

また、戦略目的を具体的活動とつなげて活用するためのツールとして、戦略目的と中間的成果（Intermediate Results）の因果関係を記述する「成果枠組（Results Framework）」が事業部門等により利用されている。中間的成果は戦略目的を達成するために必要なものであり、USAID以外の主体が資金提供する活動の結果も含まれる（ADS二〇〇・六、ADS二〇一・三・七・三）。このような成果枠組は、従来プロジェクト・レベルで活用されていたロジカル・フレームワークをより政策的に高いレベルでの利用のために展開したツールであると考えることができる。

なお、日常的評価については、一九九四年以降の公共部門改革の中で、一九八七年版の『評価ハンドブック』は、簡略化され、ADS二〇三の中に吸収されていくことになる。柔軟性を付与するために詳細な規定は省略されているが、基本的な構造は維持された。ただし、鍵となるマネジメント決定が必要とされる場合、パフォーマンス情報が予期せざる結果を示している場合、実施問題等があることが顧客等からのフィードバックの結果わかった場合、持続可能性・費用便益等の問題が浮上した場合、成果枠組の適切性や仮説に疑問が生じた場合等には、評価を行うことが適切であると、明示的に示された（ADS二〇三・三・六・一）。また、評価結果に対する事業部局の対応も詳細に規定されている（ADS二〇三・三・六・七）。事業部局には、評価チームとの会合を行って結果を議論すること、鍵となる発見・結論・勧告を検討すること、これらの発見・結論・勧告を受け入れるか決定すること、必要なマネジメントやプログラムでの行動を決定し明確な責任と時間的予定を明らかにすること、戦略計画・成果枠組等の修正が必要であるか決定すること、発見・結論・勧告について関連する顧客・パートナー・他の援助主体等幅広くステークホルダーと情報共有し討議することなどが求められる。

小括

以上のようなアメリカの評価活動を通して、ロジカル・フレームワークあるいはそれを展開させた成果枠組といった、援助の目標管理のための基本的制度が構築されてきた。

また、アメリカにおける評価活動の特色は、評価活動と管理活動や政策決定活動との連携を強く意識している点であった。そのため、評価活動の設計においては、評価活動の独立性を維持するということよりも、マネジメント、特に上級マネジメントの関心を評価活動に向けることに関心がおかれてきた。この点で、独立性の維持に長く関心が払われてきた後述の世界銀行の評価部門の場合とは異なる。

このような特色に呼応して、具体的には、第一に、多様な評価利用者に対する、多様な評価による対応が強調され、実際、プロジェクト管理者から上級マネジメントまでのニーズに対応し得るよう、中間評価からプログラム評価や特別評価研究まで、多様な評価活動が行われていた。第二に、評価結果をフィードバックする様々な制度等が存在していた。

他方、評価を管理手段、政策決定補助手段としたことの一つの帰結として、プロジェクト・レベルからプログラム・レベル、セクター・レベル、さらにはUSAID全体の戦略レベルまでを包括する評価システムを建設しようとする動きが出てきた。そして、これは、一九九四年以降の公共部門改革の中で、戦略目標の体系として具体化された。しかし、国際援助には多様な目的が埋め込まれる中で、これらの全体的整合性を確保するには、困難も伴っていた。

3 世界銀行の援助評価

次に、これまでの世界銀行の援助評価活動を検討し、その特質及び課題について考察する。世界銀行は、援助評価に関しても、援助形態の変化に対応して様々な手法を考案、検討しており、アメリカとともに援助評価活動を主導してきた主体であったといえる。また、多国間援助機関であるため、二国間援助機関とは異なり、援助システム全体の評価にも関与しており、その点で独自の経験を蓄積してきた。さらに、組織的には、予算計画業務と評価の関係については、アメリカ等と異なり、一貫して明確に分離する方式がとられてきた点で興味深い。これは、世界銀行の場合、総裁に対するアカウンタビリティーと区別して理事会に対するアカウンタビリティーを明示的に扱う必要があった点とも関連していた。ただし、独立性を強調することは、現場との距離を随伴するという問題もあった。

以下、世界銀行の組織と評価の位置付けについて概観し、次いで、世界銀行における評価活動の歴史的展開、評価制度とその運用及び近年の評価制度の再編成について検討する。[9]

世界銀行の組織と評価の位置付け

世界銀行は、法人格としては国際復興開発銀行（IBRD：International Bank for Reconstruction and Development）と国際開発協会（IDA：International Development Association）から構成されるが、共通の組織によって運営される。最高意思決定機関は総務会であり、出資額に応じた加重表決制がとられている。また、政策課題に関する決定や貸付案件の承認などの日常業務については、同じく加重表決制がとられる理事会が担当する。その下で、事務局が活動しており、総裁、役員、職員で構成される。また幅広い現地事務所のネットワークも保持している。[10]

このような組織的枠組の下で、当初は経済インフラ中心の融資が行われていたが、一九七〇年代には貧困削減を目的とした農村開発が行われ、一九八〇年代以降は新自由主義に依拠したマクロ経済政策とその具体的処方箋としての構造調整プログラムが行われてきた。一九九〇年代以降は、ガバナンス課題の推進、紛争地域の再建活動など更に広範な論点を取り上げてきている。また、援助の提供方式も、伝統的プロジェクト援助から、プログラム援助、技術援助等へと多様化してきた。[11]

このような世界銀行の活動において、最初に評価活動に関心が持たれたのは、マクナマラ総裁の一九六八年の着任を契機とする。マクナマラは、企画予算局（Programming and Budgeting Department）を積極的なマネジメントスタイルの手段として用いたが、一九七〇年にマクナマラはその企画予算局に世界銀行の加盟国の開発への寄与の評価を要請した。資本市場を説得するために融資の質に関する情報が必要だったとされる。[12] このように、当初は企画予算局に評価機能が要請された。

その後、アメリカ政府の関与もあり、組織的には、独立して評価機能を担う業務評価部（OED：Operation Evaluation Department）が設立された。これによって、評価機能が執行当事者から分離されるとともに、また、計画予算機能からも独立した。このOEDの独立性は、組織、人事制度によっても補強された。一九七四年には、OEDの長として、理事会によって直接任命される高いクラスの局長職（Director General）が設置され、評価結果は評価局長が直接理事会に報告できることとなった。[13] そして、この局長の任期は五年であり、再任はできるが、この職は最終職であるためこの職の後に世界銀行内部で新たなポストにつくことは禁じられた。また、初期の局長にはアメリカ会計検査院（GAO）の長であった人物が任ぜられ、独立性が補強された。[14] このようなOEDの独立性は、他の援助機関における評価機関と比べた場合、世界銀行に特徴的なことである。

OEDの世界銀行における位置付けについては運用上の課題が残った。第一に、OEDと総裁との関係が課題となった。OED局長は理事会に直接報告するが、最終的には、総裁に対しても報告するということになり、二重のラインが維持された。[15] 第二に、OEDと事業部門との関係が課題となった。多くの事業部門の職員はOEDの草稿にコメントしても十分検討されないという不満を持っていた。そこで、自己評価的側面を重視して事業部門職員を評価プロセスの主要部分とするとともに、事業部門にＯＥＤと並んで理事会における発言権を与えることとした[16]。第三に、人材確保の課題があった。評価結果の事業部門職員へのフィードバックを考えると、経験ある事業部門職員を評価部門に採用したり、事業部門に戻したりする必要があった。しかし、職員のインセンティブのために困難であった。事業部門の管理者はいい人材を手放したがらず、関心のある職員がいても評価部門に行くと事業部門に戻ってきにくいといって萎縮させることもあったといわれる[17]。

その後、一九八〇年半ばには、援助供与方式の多様化もあり、評価の需要が客観的には増えていった。しかし、世界銀行内部での評価部門に対する支持はマクナマラ総裁時よりも少なくなり、評価部門の職員も自らの仕事はアカウンタビリティーの確保であり、評価結果のマーケティングはそれと矛盾するとして、あまり熱心に評価結果の世界銀行内での浸透に取り組まないような状況になっていた。そのような中で、開発実効性、環境、自身の目的・プロダクト等に関する内部での議論を集中的に行うとともに、一九八七年の世界銀行の組織再編の機会も捉え、二年間で五〇％の職員を入れ替えることで、評価機能の活性化が図られた[18]。このような体制の下で、一九九〇年代前半にかけて、後述のように評価を用いた援助の質の確保が積極的に図られていった。

世界銀行の評価活動の歴史的展開

当初から、事業部門職員によってプロジェクト完成報告（PCR：Project Completion Report、現在はICR：Implementation Completion Reportと呼ばれる）が任意では作成されてきた。その後、評価部門の強化と軌を一にして、一九七三年には、一九七二年七月一日以降に貸付実行が終了したプロジェクトについてＰＣＲの提出が義務化された[19]。ただし、一九七五年以降は、ＰＣＲの自己評価的側面を重視し、事業部局とＯＥＤとのより効率的な分業を目指して、ＯＥＤは承認権限を維持するものの、ＰＣＲの承認を容易にした[20]。

また、ＯＥＤによってプロジェクト業績監査報告（PPAR : Project Performance Audit Report）が作成されるようになった。当初、ＯＥＤは終了後一―二年で全てのプロジェクトについてＰＰＡＲを作成すると約束した[21]。そして、一九七五年に、ＰＰＡＲを素材としてまとめた年次レビューが作成された（First Annual Review of Project Performance Audit Results）。

一九七九年にはインパクト評価報告（IER : Impact Evaluation Review）の作成が開始された。ＰＣＲ、ＰＰＡＲは、貸付実行終了時の評価であり、長期的なインパクトを測定することができなかったため、その欠点を補うものとしてインパクト評価報告が導入された。そして、その手法は一九八〇年代後半には標準化されることとなった[22]。

一九八〇年代半ばには、構造調整融資等も展開する中で、評価の必要性は大幅に増加していたが、そのための体制を確保できていなかった。そこで、ＰＰＡＲの実施比率を下げて、全てではなく四〇％以上のプロジェクトに関して実施することとした[23]。なお、ＰＰＡＲの比率は一九九〇年代後半には更に二五％に引き下げられることになった[24]。また、評価結果の顧客を開拓し、フィードバックを確保するために、一九八六年に年次レビューを三巻から一巻にして読み易くし、ハイライトと教訓を要約

した「OEDプレシス（OED Precis）」を発刊するようになった。(25)

一九九〇年代初頭における世界銀行の評価制度と運用

（1）　評価の類型

一九九〇年代前半時点でのOEDの関与する基本的評価形式としては、PCR（現在のICR）、PPAR、インパクト評価報告、特別評価研究、年次レビューの五つの類型が存在した。(26)

第一に、PCR（現在のICR）は、全てのプロジェクト（構造調整援助等のいわゆるプログラム援助も含まれる）に関して、貸付実行終了の一―二年後に事業部門職員によって作成される。PCRの目的は、貸付実行終了後におけるプロジェクトの目的の達成度を明らかにすることである。具体的には、執行状況、経済収益率や影響等について検討される。PCRの作成では、執行に関与した事業部門職員が主導し、他の関係者の意見を聞き、融資交渉や管理のファイルを検討して報告を作成する。完成したPCRは、全てがOEDによるレビューの対象となる。

第二に、PPARは、当初は全てのプロジェクトに関して、一九九〇年代初頭は約四〇％（現在は二五％）のプロジェクトに関して作成されていた。ただし、当該借入国における初めてのタイプのプロジェクト、事の重大さや惨めな業績のために追加調査を要するプロジェクト、プログラム援助等は全てがPPARの対象となる。また、PPARの対象の約一〇％は任意で抽出され、PCRの作成者もどれが選択されるかわからないようになっている。PPARにおける検討項目はPCRの場合と同一である。ただし、ＰＰＡＲは、客観性の確保のため、独立したＯＥＤの職員によって作成されるという点で異なる。ほとんどのＰＰＡＲは、関連資料の机上レビューという手続きによって作成される。ただし、必要な場合には、包括的な現地調査も行う。そして、特にＰＰＡＲの結果がＰＣＲの結果と異なる時のために、ＰＰＡＲ草稿の検討プロセスが存在する。そのプロセスでは、当該プロジェクトに責任をもつ事業部門や借入主体は、ＰＰＡＲ草稿についてコメントを加える機会が与えられる。そして、ＯＥＤと担当地域業務部によって注意深く検討され、草案に一定の修正が加えられることもある。両者の相違が解決しない場合、ＯＥＤの草稿が維持されるが、両者の議論が解消しなかった旨を記録にとどめておく。

第三に、インパクト評価報告は、貸付実行時には明らかではないが、時間を経た後に明らかになる様々なインパクトを測定するために導入された。インパクト評価報告が作成されてきたのは、主に、農業普及等の農業プロジェクト、教育プロジェクトであった。これらのプロジェクトでは効果が現れるのに時間がかかる。しかし、物理的な施設建設プロジェクトにおける維持・管理の状況の評価等も行われた。インパクト評価は、ＰＰＡＲ作成の少なくとも五年後、通常は、八－一〇年後に作成される。インパクト評価はプロジェクトごとになされる。また、インパクト評価では、技術的、経済的、社会的評価や環境の側面、制度的側面の評価など様々な視角から評価が行われる。手続きとしては、評価者は、まず、ＰＣＲ、ＰＰＡＲを再検討し、次いで現場を訪問する。現場では、プロジェクト地域の現地当局の様々なレベルにおいて状況について議論し、情報を収集する。そして、このような情報に基づいて評価を行う。また、評価活動の遂行にあたっては、現地諸機関やコンサルティング会社の助けを得る。

第四に、特別評価研究には様々な種類のものがある。具体的には、国別研究（Country Review）、国別セクター研究（Country-specific Sectoral Review）、業務政策研究（Operational Policy Review）、セクター研究（Sector Studies）がある。このうち、国別研究は、世界銀行と援助受入国政府との関係を長期のタイムスパンで評価したものである。国別評価が増大している背景には、援助の実効性を規定する上で、世界銀行と受入国政府の間での政策調整メカニズムの機能が大変重要であるという認識があった。また、業務政策研究には、世界銀行のプロジェクト監督（supervision）制度の評価（一九九二年）、世界銀行の構造調整・セクター調整業務の評価（第一次：一九八六年、第二次：一九九二年）など業務制度の評価からプログラムの総括的評価まで様々なものがある。

第五に、年次レビューは、以上の様々な評価の結果を、毎年まとめたものである。当初は、ＰＰＡＲが主たる素材であったが、その後は、特別評価研究やインパクト評価報告をも素材としてまとめられるようになった。

広義の評価活動の第一の例としては、プロジェクトの監督（supervision）、監理（monitoring）と呼ばれている活動がある。具体的な、監督活動としては、借入主体からの通常の報告、世界銀行職員による定期的現場訪問、年次協議がある。これらの活動は、中間評価として評価活動の一部とみられることもあるが、世界銀行の場合、ＯＥＤが関与していないので評価とは峻別されている。

広義の評価活動の第二の例は、ＯＥＤの関与しない、政策的事項に関する評価である。例えば、ワッペンハンスを委員長としてポートフォリオマネジメント・タスクフォース（PMTF：Portfolio Management Task Force）が一九九二年に設立され、『実効的執行：開発的インパクトへの鍵』という評価報告書を作成した[27]。これは、世界銀行のプロジェクト執行システムを総括的に評価し、世界銀行のプロジェクトの「満足」度の低下に対応するため、世界銀行の活動の重点を、プロジェクトの採択からプロジェクトの執行へと移し、執行制度を改革していくことを勧告している。

また、「援助は役に立つか？」という根本的な問いに答えるために、世界銀行とＩＭＦの理事会の閣僚級合同委員会である開発委員会（Development Committee）によって設置された譲許性資金フローに関する作業部会のメンバーである各国政府の委託によって、カッセン（R.H. Cassen）の指揮の下で、『援助は機能するか？』という報告書が作成された[28]。この報告は二点において特色があった。第一に、この調査は、作業部会その他の機関の意見に左右されることのない独立したコンサルタントによって実施された。各国政府、各国際機関からは支援を受け、様々な情報を提供されたが、これらの各国政府、各国際機関は、報告の最終草稿に目を通してはいない。第二に、この報告は、各国際機関、各国政府による援助の効果を全体として評価しようという試みであった。具体的手続きとしては、バングラディッシュ、コロンビア、インド、ケニア、マラウイ、韓国に関する国別調査、技術援助、プロジェクト援助、多国間・二国間援助機関の比較に関する補足調査を行い、以上の調査に基づいて、援助のマクロ経済への貢献、援助と貧困、政策対話、実績と評価（プロジェクト援助、プログラム援助、食糧援助)、技術協力、援助調整、援助と自由市場というテーマ別に総括的評価を行った。

以上、世界銀行では、PCR、PPAR、インパクト評価報告という、プロジェクトレベルでの充実した評価を基礎として、様々なレベルで、業務政策や援助の全体的効果を含む様々な目的のための評価活動が行われてきた。

(2) 評価制度の運用

世界銀行では、評価制度は独立性の強いOEDによって運用されてきた。

年次レビューにおいては、評価対象となった全てのプロジェクトが、「満足(satisfactory)」か「不満足(unsatisfactory)」かの二類型に分類された。判定基準は、経済収益率が計算できる活動の場合は、十分な経済収益率が確保できているか(通常は一〇%が分岐点)であり、経済収益率が計算できないタイプの活動に関しては、審査時に述べられた目的が実質的に達成されている(substantial achievement of the goals)か、であった。ちなみに、一九八九年の評価の場合、約七〇%が「満足」と判定された。[29]

公式的なフィードバックの制度としては、OEDの評価結果の理事会への報告、各種評価報告のOEDによる管理と提供、OEDが様々な評価を要約してまとめた「OEDプレシス(OED Precis)」の配布が存在した。

また、非公式的なフィードバックのメカニズムとしては以下のものが存在した。[30] 第一に、事業部門職員による自己評価と自己学習があった。これはPCRを作成する職員に当てはまる。第二に、業務評価部職員と事業部門職員の一対一の相互作用があった。業務評価部職員と事業部門職員は、PPAR作成過程や場合によってはPCR作成以前から接触をとっていた。これは強制的なものではないが実質的効果はあった。第三に、プロジェクト作成段階での過去の関連評価事例への言及があった。この実行は各地域部局ごとに異なった。例えば、インドネシアを扱う部局の審査文書には、過去の経験を述べる部分があり、パキスタンやスリランカを扱う部局におけるプロジェクトを検討し始める際のメモランダムの付属書では、参照すべきOEDの評価報告の番号を記載しておくことになっていたといわれる。

フィードバックの態様は、評価発見の内容の性格によっても異なっていた。第一に、発見がプロジェクトデザインに関わる場合、非公式的フィードバックの制度により、大部分は地域部局内部でフィードバックされた。この場合、OEDの役割は相対的に小さい。第二に、発見が業務管理制度や政策事項に関わる場合、公式的制度が利用された。この場合、OEDが、報告を管理担当者や政策事項担当者に提供することで、一定の役割を果たす。

評価制度の全体マネジメント手段としての再編成

以上のような一九九〇年代前半の世界銀行の評価体制は、以下の二つの動きを契機として、一九九〇年代後半以降、展開していくこととなる。

第一に、世界銀行の内部からは、全体的なプロジェクト結果への満足度の低下とともに世界銀行の環境社会ポリシーへのコンプライアンスの欠如の問題が変化への圧力となっていた。一九八〇年代後半の年次レビュー（Annual Review of Evaluation Results）の結果によると、世界銀行のパフォーマンスが減少しはじめ、満足事業の比率が六三％になり問題となった[31]。これが、ワッペンハンス報告（『実効的執行：開発的インパクトへの鍵』）作成の契機となることとなった[32]。一九九二年九月にワッペンハンス報告が提出され、それへの対応として一九九三年七月に「マネジメント行動計画」（"Next Steps" by Joanne Salop and Jim Adams）が作成された。また、一九九四年一二月には援助実効性に関する委員会（Committee on Development Effectiveness）が理事会に設立され、一九九五年には自己評価と品質保証の強化のためにＱＡＣ（Quality Assurance Group）が事務局内に設立された[33]。このような展開は、評価が変化のマネジメント手段として使われた例としてみることができる。

第二に、一九九五年に世界銀行総裁に就任したウォルフェンソンは、ストラテジック・コンパクトを掲げ、現場への資源の移転、被援助国のニーズに合わせた多様な金融商品の開発、社会セクター・制度構築・民間セクターを中心とした技術的な専門性の再建、分権化、情報管理の強化、人的資源に有効活用を目指した人事政策の刷新、他の機関との協力関係の構築・強化を目的として組織再編を進めていった[34]。このような動きに対応して、新たな評価戦略が必要とされ、一九九七年三月に援助実効性に関する委員会（CODE：Committee on Development Effectiveness）で承認された。その内容は、「高いレベルへの移行」（焦点をプロジェクトレベルから国レベル・グローバルなテーマレベルへ等）、「フィードバックループの短縮」、「評価能力の構築」（受入国の評価に対するオーナーシップの確保等）、「知識とパートナーシップへの投資」、「成果志向管理」を戦略的目的とするというものであった。[35]

以上のような変化をうけて、具体的評価制度としては、まず、国別援助評価、セクター別・テーマレビューが重視されることとなった。[36] これらは、従来の特別評価研究が分化し独立したものといえる。国別援助評価は、過去四—五年における世界銀行の当該国におけるパフォーマンスを評価し、国別支援戦略（CAS: Country Assistance Strategy）の遵守やその実効性を報告する。現在、年に一〇件程度実施される。また、セクター別・テーマレビューは、特定セクター（例：農業、運輸等）における世界銀行の五—一〇年間のパフォーマンスと経験を評価するものであり、世界銀行のポリシーの遵守状況や実効性を報告する。現在、年に六件程度実施される。[37]

また、従来からの年次評価（AROE: Annual Report on Operations Evaluation と現在呼ばれている）に加えて、メタレベルの年次評価として、ＡＲＤＥ（Annual Review of Development Effectiveness）が実施されている。[38] ＡＲＤＥにおいては、一九九〇年代前半以来の援助実効性低下への懸念をうけて、世界銀行の包括的実効性が評価されている。[39]

小括

以上のように、世界銀行では、特に一九七〇年代中頃以降、評価活動が制度化されてきており、評価体制の体制・手法の検討をUSAIDとともにリードしてきたといえる。そして、評価活動の制度化は、特に近年、プロジェクト・レベルのマネジメントを超えて、組織全体のマネジメントのあり方とも密接に関係を持つようになっている。

また、世界銀行では評価を担当するOEDの自律性が比較的高かった。この背景には、理事会が総裁以下事務局の通常のラインから独立した情報源を確保したかったという事情がある。そして、ベースとしては、資金供与が中心の世界銀行では多くのプロジェクトに関して経済収益率が数量的に算出されることからもわかるように、数量的評価が重視され、年次レビューにみられるように、全体としてのポートフォリオの評価にも関心が払われた。

評価方法に関しては、USAID同様、投入、活動、産出、有効性、インパクト、持続可能性の測定というロジカル・フレームワークが受け入れられていた。そして、この枠組をいかに実用的、実践的なものにしていくかが課題であった。また、世界銀行による構造調整のための受入国の制度建設の評価にみられるように、援助受入国における制度建設も主要な評価対象の一つとなってきた。そして、カッセン報告による援助全体の実効性評価や、国別評価にみられるように、世界銀行による評価には、自身の援助の評価を超えて、援助の全体的効果を評価しようという姿勢がみられた。これは、多国間機関故の一定の中立性という比較優位を持っているが故に可能な活動でもあったといえる。

また、ワッペンハンス報告がその後の組織再編に果たした機能に見られるように、評価が変化のマネジメント手段として使われることもあった。

4　受入国におけるアカウンタビリティーの確保――異議申立手続

世界銀行やＩＦＣ（International Finance Corporation：国際金融公社）といった国際開発金融機関では、近年、環境社会配慮等のための異議申立続を導入し、運用しつつある。[40]

世界銀行では、一九八〇年代半ばから問題となったインドのナルマダダムへの融資に対する環境社会配慮の観点からの批判等を背景に、事務局（総裁を含む）から独立した常設機関としてインスペクションパネル（Inspection Panel）が一九九三年九月に理事会によって設立された。世界銀行は環境配慮等様々な課題に関するポリシー・手続を内部的に定めているが、インスペクションパネルは、これらの遵守（compliance）あるいは不遵守を管理者たる理事会がチェックするメカニズムとして位置づけられた。

プレストン総裁が着任した後、一九九二―九三年には様々な見直しが行われていた。ワッペンハンスを委員長とするタスクフォースによる報告である前述の『実効的執行：開発的インパクトへの鍵』においては、それまでの世界銀行ではプロジェクトの承認数を競う「承認文化（approval culture）」がはびこっており、新規案件作成ばかりに注意が向かい、案件実施段階での品質管理がなおざりになってきたと批判された。そして、今後は、プロジェクトの数をこなすのではなく、質（quality）を上げる、特に、実施（implementation）を重視し、また、相手国がプロジェクトにオーナーシップ（ownership）を持つように変えていこうという方向が打ち出された。そして、インスペクションパネルについてもこの報告の中で言及された[41]。実施段階で問題となっている事例に関して、判断のための独立の情報源が必要で、そのためには、インスペクションパネルのようなものをつくるべきだということが論じられた。インドのナルマダダム・プロジェクト等を契機として、NGO等による世界銀行批判は強まっており、アメリカ等では、それらに対応しないと国内的に一九九三年のIDA（国際開発協会）の増資に対する支持を得られないといった事情もあった。しかし同時に、理事会による内部的マネジメント上の必要性も重要な要因であった[42]。

インスペクションパネルにおいては、世界銀行のプロジェクトによって負の影響を受けた二人以上のグループ（被影響住民を代弁していることを立証できれば当該地域における団体が代行して中立を行うことも可能。国際的団体については、被影響住民を代弁していることに加え、当該地域に代行できる団体が不存在であることを立証することが必要）等が世界銀行のポリシー・手続の不遵守により被害が発生した場合に申立を行うことができるようになっており、申立を受けたインスペクションパネルが申立を適格と判断した場合はパネル調査勧告を理事会に提出し、理事会の決定により正式の調査が開始されることになっている。その後、パネルは調査に基づきポリシー・手続の遵守・不遵守を判断し、理事会に報告書を提出し、理事会が最終判断をすることになる。また、このような正規の手続きにのらない場合でも、インスペクションパネルがNGO等から非公式に環境社会配慮上の懸念に関する情報を取得し、世界銀行事務局の関連部局に非公式に働きかけている場合も多いようである。

他方、ＩＦＣでは、一九九九年に一般の事務局からは独立し総裁の指示のみに従うＣＡＯ（Compliance Advisor/Ombudsman）という組織が設立された。これは、名称からもわかるように、遵守確保に関するアドバイザーという側面とともに、同時にオンブズマンとして案件に関する様々な紛争を解決するという機能を期待されている。つまり、ＩＦＣのＣＡＯは、世界銀行のインスペクションパネルに見られたポリシー・手続に関する内部マネジメントに関する手段という性格を超えて、対外的な紛争解決手段としての性格を帯びつつあるといえる。ＩＦＣのＣＡＯの場合、プロジェクト関連地域に居住する個人、グループ、地域社会（被影響者住民に希望があれば当該地域における団体が代行して申立を行うことが可能。国際的団体は被影響住民を代弁し、可能な限り地域の団体と共同して申立を行うことが期待される）等が、ＩＦＣの融資案件等により環境・社会面で悪影響を受けている、もしくは受ける恐れがある場合に、申立を行うことができるようになっており（この要件は世界銀行のインスペクションパネルの場合よりも緩くなっていると思われる）、ＣＡＯが適切だと判断した場合には、事務局と協議し、最終的には申立人、事業者及び事務局に解決案を提示し、調停を行うこととなっている。

世界銀行とＩＦＣにおいて異議申立手続の主たる性格は、遵守確保と紛争解決というように若干異なる。つまり、インスペクションパネルは遵守の確保を機能することを目的とし、他方、ＣＡＯの方は、現場での紛争を解決し、合意を得て事業を円滑に進めていくことを目的としている。その意味では、世界銀行は間接的アカウンタビリティーの確保をより志向しており、ＩＦＣは直接的アカウンタビリティーの確保をより志向しているといえる。ただ、いずれにしろ、受入国における異議申立を認めることで、受入国におけるアカウンタビリティーの確保の補完を図っているということができる。以下では、まず、遵守確保のためのマネジメント手段としての異議申立手続と紛争解決の手段としての異議申立手続の性格及び課題について理論的に検討する。次いで、世界銀行の異議申立手続が現実にどのような性格を持つかについて、より詳細に検討してみることにしたい。

異議申立手続の二つの性格

（1）マネジメント手段としての異議申立手続

世界銀行にみられるインスペクションパネルとは、理事会に対して世界銀行事務局本体をアカウンタブルにするための手段、つまり、世界銀行理事会が巨大な世界銀行事務局という組織をコントロールする手段であるというのが、基本的な性格であるということができる。つまり、世界銀行という組織内のマネジメント手段、言い方を変えれば、伝統的なアカウンタビリティー確保の手段である。

このようなインスペクションという制度においてはインスペクションを主導する主体とインスペクションの対象とが峻別されている。世界銀行の場合もインスペクションパネルへの異議申立者は理事会あるいは、被害者としての世界銀行外部の申立者に限定される。それに対して、世界銀行総裁は自分で異議申立を行い、インスペクションパネルを使いたいと申し出たが却下された。インスペクションの対象者がインスペクションを主導するのはおかしいというのが議論の基本であったようである。そのため、世界銀行では事務局内部において、品質保証の観点から、別途遵守確保のメカニズムが設定されることとなった（QAC: Quality Assurance and Compliance Unit及び世界銀行事務局内のポリシー実施担当者のネットワークであるSMART: Safeguard Management and Review Teamがそれにあたる）。他方、外部の被害者に異議申立が認められているのは、マネジメント手段としての異議申立手続という観点からは、外部の被害者がマネジメントの担い手である上位者＝理事会の持っていない情報を持っており、その情報を提供することで上位者＝理事会のマネジメント活動の端緒にすることができるからである（言い方を変えれば、理事会は、対内部マネジメントの手段として、対被害者という対外部マネジメントを利用しているともいえる）。なお、いわゆる「内部告発制度」のように単にマネジメント活動の端緒としての情報提供を求めているだけであれば、異議申立者は被害者に限定される必要はなく、世界銀行の内部の職員等でもいいことになる。しかし、世界銀行の異議申立制度はそのような視角をとっておらず、異議申立人を被害者及びその限定的代理人に限っている。

外部被害者の声が上がった場合に、理事会が内部コントロールをするためにどのように意見を聞くか判断する際には、いくつかオプションがありうる。第一に、理事会が直接外部被害者の声を聞く方法がある。しかし、理事会の時間は限られているという制約がある。第二に、理事会のメンバーである各理事が各国内プロセスを経て被害者の声に関する情報を収集し、理事会に報告し、理事会で議論するという方法がある。しかし、このオプションでも、理事の時間は限られており、また各国で対応プロセスが異なってくるという問題もある。第三に、これは現実にとられた手段でもあるが、世界銀行の事務局の外に、独立の第三者のインスペクションパネルを置くという方法がある。この独立というのは、あくまでも事務局に対して独立であるという意味であって、インスペクションパネルは、基本的には理事会の下にある。

（2） 紛争解決手段としての異議申立手続

異議申立手続のもう一つの側面は、途上国の現場社会においてプロジェクトを進めていくことに伴う紛争を解決するための手段という側面である。異議申立手続は、紛争解決という目的を媒介として、受入国社会に対する対外的アカウンタビリティーの手段という性格を保持している。IFCのCAOにおいては、この側面がかなり強い。このアカウンタビリティーは、直接の指揮命令関係のある上位者に対するものではなく、むしろ、組織がプロジェクトの実施される現場である社会に対して、どのようにインフォーマルかつ実質的にアカウンタビリティーを確保するのかという意味でのアカウンタビリティーである。

プロジェクトの対象である社会に対する対外的アカウンタビリティー確保の機会としては、援助主体あるいは受入国によるプロジェクト作成段階、環境影響評価段階、受入国内の事業承認段階、司法的プロセスも含めた国内の紛争解決メカニズムの段階等様々なものがあるが、異議申立手続も、それらの中で一定の役割を果たすことになる。

世界銀行におけるインスペクションパネルの運用——事実上の「紛争解決」志向

世界銀行の初期の役割規定においては、インスペクションパネルは既存の内部的なマネジメントの手段の補完であり、理事会の役割を減らすものではないといった点や、インスペクションパネルの役割は異議への裁定や調整ではなく、非遵守という事実の確認であるといった点が強調されていた。つまり、補完的な内部マネジメント手段としてのインスペクションパネルの側面が意識されていた。

しかし、実際にインスペクションパネルを運用していく中で、紛争解決機能、すなわち事実上果たされる対社会的なアカウンタビリティーの確保という側面がかなり重視されてきた。例えば、初期の事例で、インスペクションパネルの調査を理事会が認めなかった例としてブラジルの事例があるが、調査を認めなかった理由として改善行動計画（remedial action plan）に満足できるということがあげられていた。[43] 異議が申し立てられることによって、実際にインスペクションパネルの調査が行われなくても、結果として改善措置を促進し、紛争解決に寄与したというわけである。

ただし、一定の改善措置がとられたことが良かったのかどうかは、注意する必要がある。第一に、改善措置がとられる場合、多くの場合は途上国側、つまり借り手が何か措置をとっていた。[44] この場合、世界銀行側ではなく、借り手に措置を押し付けている恐れがある。第二に、何かをやれば許してもらえるということで、「改善計画」がインスペクションパネルによる調査の抜け道になっている恐れがある。「改善計画」がきちんと機能しているのかどうかを確認することも、一つの課題であろう。

また、より日常的にも、インスペクションパネルが、単に内部マネジメントコントロールの手段ではなくて、対社会的なアカウンタビリティーの手段として機能している面があるようである。具体的には、インスペクションパネルとＮＧＯとの非公式な接触が年七五―二〇〇件程度あるといわれている。そして、そのようにして得た情報を世界銀行内の関連部局につなぎ、非公式に紛争予防的活動を行っている面もある。

小括

以上のような異議申立という環境社会配慮上の新たな仕掛けは、まだ実験が試行錯誤的に行われている段階であり、その最終的評価をするほどには十分な事例が蓄積されていない。特に、このような仕掛けを実効的に動かすためには、組織のどこにどのような専門性を持った人材を配置しなくてはならないのかといった点を含む運用上の課題については、更に検討する必要がある。しかし、援助機関が案件受入国住民等から直接かつ公式に異議申立を受けるというメカニズムを作ったということは、非公式的に受入国におけるアカウンタビリティー確保のための新たなチャンネルを構築したという意味で、大変興味深い実験的試みといえる。以下では、最後に、援助機関が異議申立手続の詳細設計を行い、また実際に運用して行く上で注意すべき点について触れておきたい。

第一に、世界銀行方式のインスペクションパネルにおいては、基本的には、理事会が総裁を始めとする世界銀行事務局本体をどのように管理していくのか、どのように遵守を確保するのかというのが基本的な制度趣旨であった。その意味では、受入国におけるアカウンタビリティーの確保はあくまでも間接的なものであった。他方、ＩＦＣの場合は、ＣＡＯは一般の事務局からは独立しているものの、基本的には事務局内の総裁が紛争解決等を実効的に担う手段としてオンブズマンが設置された。この場合、受入国におけるアカウンタビリティーの確保はより直接的に目的とされた。従って、遵守確保のための管理手段としての色彩はかなり薄まっていると思われる。制度設計に際しては、目的を明示的に認識する必要がある。

第二に、内部マネジメント手段としての異議申立手続と紛争解決手段としての異議申立手続では性格が異なるため、その詳細設計段階や運用段階では、各々の目的に応じた配慮が必要である。確かに、世界銀行では、主として前者を意図した制度設計がなされながら、結果として紛争解決機能に焦点が移りつつある。しかし、ＩＦＣにおいては明確に後者を意図した制度設計がなされている。具体的には、ＩＦＣの場合は、紛争解決に係る部分はＡＤＲ（Alternative Dispute Resolution）の専門家を雇い、内部管理の担い手とは相当異なる専門性を有する人材を雇用している。従って、内部マネジメント機能と紛争解決機能を同じ組織、人材に担わせるというのはかなり困難であるように思われる。また、現場での紛争解決を目指すのであれば、果たして総裁直属という組織形態だけでいいのかという課題があるように思われる。確かに、既に進みつつある慣性力を持った案件に対して、組織内において異なった見解を埋め込むためには総裁直属である意味は大きい。しかし、発展途上国の現場ににおける紛争解決を考えた場合には、本部における専属スタッフだけというのはあまりに紛争現場からの距離が大きい。現場における紛争解決支援メカニズムも構築する必要があるように思われる。

第三に、紛争解決機能を正面から掲げ、プロジェクト実施にかかわる社会的合意形成に援助主体が正面から関与するというのは、単に現場における機能的責任を果たすというだけではなく、受入国内の意思決定メカニズムを代替するということでもあり、重たい課題である。そのためには、前述のように、本部レベルだけではなく、現場における紛争解決スタッフが少なくとも必要になろう。より深刻なのは、どこまで受入国内部の意思決定に関与すべきであるのかという基本的問題である。つまり、受入国内の政策形成メカニズム、司法メカニズムの代替機能をどこまで担うのかという問題を検討する必要がある。

5 今後の課題

本章では、国際援助におけるアカウンタビリティー確保のメカニズムについて分析を行った。

援助評価に関しては、基本的には設定された目的の達成度を測定する「ロジカル・フレームワーク」という手法が考案され、広く用いられてきた。このような手法の運用を通して、意図せざる結果を含む援助の運用に関する知識が蓄積されていった。そして、近年は、そのような手法を展開して、より高次の政策目的の達成度を測定するためのアメリカにおける「成果枠組」や、世界銀行における援助全体の実効性の評価のような試みが見られる。また、これらの手法は、高次の政策目的の達成度を明示化することで、変化のためのマネジメント手段としての色彩を強めていることも確認できた。国際援助には多様な目的が埋め込まれているのであり、明確な目的設定を前提とする「ロジカル・フレームワーク」や「成果枠組」がどれだけ実態に即して利用可能なのかという問題は残る。ただし、事後的な評価に関しては、何を目的にするかの割り切りが可能であり、このような割り切りに基づく評価を、変化のための手段として活用することは可能である。世界銀行のワッペンハンス報告は、そのような評価の一例であったといえよう。これは、援助主体内における企画・予算部門と評価部門の力関係という問題にも関連してくる。

また、国際援助においては、援助国におけるアカウンタビリティー、すなわち納税者に対するアカウンタビリティーと、受入国におけるアカウンタビリティー、すなわち受益者に対するアカウンタビリティーという、二重のアカウンタビリティーが求められるが、後者のアカウンタビリティーを確保するためにも機能しうるメカニズムとして、異議申立手続の試みがある。これは、新たなチャンネルの設定としては興味深いが、受入国内メカニズムに代替することは困難なのであり、現時点ではあくまでも補完的なメカニズムであることが確認された。

最後に、残された課題について確認しておきたい。援助国内における企画・予算部門と評価部門との二重性や援助国と受入国との関係における二重性に加えて、国際援助行政は援助主体が複数であるという特色を持っており、これを踏まえてどのように評価システムを構築するのかという課題がある。複数援助主体による共同評価というのは一つの手法である。また、世界銀行等の国際機関による評価は、援助全体の評価を独立して行っているという面を持つ。また、個別援助主体の評価における国際的共通目標、例えばＭＤＧｓの取り込みという手法も存在する。

イギリスにおいては、国際的共通目標の二国間援助機関による取り込みが試みられている。例えば、イギリスのＤＦＩＤ（Department for International Development：国際開発省）の政策目標を設定するＰＳＡ（Public Service Agreement）においては、二〇一五年までにＭＤＧｓを達成することで貧困を撲滅することが目的として掲げられている。[45] これを実施しようとすると、いくつかの課題が出てくる。第一に、二国間援助機関の政策目標にＭＤＧｓの達成をどこまで取り込めるのかという課題がある。ＤＦＩＤのように比較的包括的に取り込む方法と、日本のＯＤＡの政策目的における人間の安全保障の強調のように各国の政策目的に合わせて選択的に取り込む方法がある。第二に、個別援助機関の活動、例えばＤＦＩＤの活動とＭＤＧｓの指標の変化との因果関係を示すことは不可能に近い。特に、国の規模との比較でのＤＦＩＤの活動の相対的比率が低い地域において当てはまる。[46] 第三に、ＭＤＧｓのベースライン、目標年次と個別の援助機関の目標年次との調整が必要になる。例えば、ＭＤＧｓでは二〇一五年を目標年次としているが、ＤＦＩＤのＰＳＡの場合、三年という期間での目標設定が援助主体国内におけるアカウンタビリティーの確保上必要になる。また、ベースラインも、本来はＰＳＡの開始年にすべきであろうが、データの存在可能性等も検討して、ＰＳＡの場合は柔軟に設定している。

おわりに――総括と課題

本書では、国際援助行政の全体像を明らかにすることを試みた。従来、個々の国際援助プロジェクトやプログラムの管理運営やその背景となる思潮については、幅広く論じられてきた。しかし、国際行政における主要な資源（資金を主としつつも知識・技術の提供、人的資源の提供やルールの提供も随伴する）のマネジメントの媒体である国際援助行政について、その全体像を明らかにすることが試みられることはなかったといえる。

おそらく国際援助行政に携わる実務家は、国際援助行政の様々な個別の局面に触れてきており、現場に即した問題意識を持っている。国際援助行政の受入国での実施、国際援助行政と受入国国内財政との調整、援助主体における評価、国際的な調和化の動向とそれへの対応といった局面において、国際援助行政の様々な課題が現場では浮上している。本書では、これらの諸局面における課題を国際援助行政の全体像の中に位置づけることを試みた。

具体的には、本書では、国際援助について四つの観点から検討してきた。I章では、国際援助行政の歴史的展開とその構造的特質について検討した。特に、多様な援助主体によって実施されざるを得ないが故に、関係組織間の調整が課題とならざるを得ない国際援助行政の性格について強調し、援助調整に焦点を当てた。Ⅱ章では、国際援助と国内財政とのインターフェースについて分析を行った。計画の年次予算に対する縛りをどのようにするか、計画担当部局と予算担当部局の関係をどのようにするのか、開発予算と経常予算を切り離すのか、借款や技術協力に関する決定プロセスを通常の予算・計画プロセスとの関係で切り離すのか、といった制度設計の課題については、各々の文脈に応じて様々なバリエーションがあることを確認した。Ⅲ章では、国際援助の現場における実効性を規定する諸要因について分析を行った。地方政府における政治的ダイナミズムや規制能力、ＮＧＯ（非政府組織）の連携やその限界、援助国あるいは受入国における企業のインセンティブ、中央政府の各分野の担当部局のインセンティブや規制のあり方等が重要な要因であることが明らかになった。そして、Ⅳ章では、アカウンタビリティー確保のメカニズムとその課題について分析を行った。援助評価に関しては、目的の達成度を測定する「ロジカル・フレームワーク」や「戦略枠組」のような試みが見られるが、多様な目的が埋め込まれる国際援助行政の評価には内在的限界があることを確認するとともに、一定の目的を前提とした割り切った評価が変化のためのマネジメント手段としての意味を持ちうることを確認した。

以上の四つの作業は、次のように位置づけることもできる。Ⅰ章は、国際援助の制度設計に関する議論である。他方、Ⅲ章は、国際援助の個別的執行管理に関する議論である。それに対して、Ⅱ章とⅣ章は、国際援助に関する管理機能に関する議論であるといえる。Ⅱ章は、各受入国における国際援助と財政のインターフェースに注目しているのに対して、Ⅳ章は、援助主体側の評価と管理・企画の接点に焦点を当てている。国際援助行政における管理機能として、これらの二つがどのように連関してくるのかの検討は国際行政における管理機能のあり方の分析として重要である。今後の課題としたい。その際、国際援助行政の評価と管理・企画機能は、援助受入国が一定の役割を果たすべき領域でもあり、この点にも注意を払う必要がある。

国際援助行政は、国際行政において独立した個別政策領域ではなく、国際行政における様々な政策目的を実現していく上での重要な政策手段であり、あらゆる国際行政における政策を議論する前提として、国際援助行政の特質を理解する必要がある。国際援助行政の世界は、一定の複雑な制度的諸条件を前提として外部にはわかりにくい世界を構成しており、国際関係や外交関係一般に携わる実務家や研究者からも、閉鎖的コミュニティーだと認識されている面もある。国際援助行政の内在的ロジックを透明化する試みは、国際援助行政を様々な国際行政上の政策目的のための有効な政策手段として活用していく前提としても有用であろう。

なお、本書では、国際援助全体のシステムの構造・運用に焦点を当てて分析を行った。このようなシステムに対する日本の戦略・政策という点については、念頭には置いているものの、直接的には検討していない。本書でも述べたように、調和化に対する米欧の態度が分岐する中で、日本としてどのような戦略・政策をとっていくべきかというのは、日本の国際援助行政における量的比率は減少しているとはいえ、今後の重要な課題である。

[注]

はじめに

（1） 国際行政の全体像に関しては下記を参照。城山英明「国際行政学」（西尾勝・村松岐夫編『講座行政学第一巻　行政の発展』有斐閣、一九九四年）。城山英明『国際行政の構造』（東京大学出版会、一九九七年）、城山英明「国際行政――グローバル・ガヴァナンスにおける不可欠の要素」（渡辺昭夫・土山實男編『グローバル・ガヴァナンス』東京大学出版会、二〇〇一年）。

（2） 城山、前掲書、二一―六頁。

I章

（1） 国際金融行政の形成に関しては以下の論文の関係部分を加筆修正した。城山英明「ヨーロッパにおける国際行政の形成」（小川有美編『国際情勢ベーシックシリーズ⑥EU諸国』自由国民社、一九九九年）。なお、戦間期における国際連盟の役割については、本書において追加されている。

（2） A. Fishlow, "Lessons from the Past: Capital Market During the 19th Century and the Interwar Period," *International Organization* 39–3 (1985), pp. 398–399.

（3） B. Eichengreen, *Golden Fetters*, New York and Oxford: Oxford University Press, 1992, pp. 49–52.

（4） Arthur Salter, *Memoirs of a Public Servant*, London: Farber and Farber, 1961, pp. 177–182.

（5） B. Simmons, "Why Innovate? Founding the Bank for International Settlements," *World Politics*, Vol. 45–3 (1993).

（6） Vitor-Yves Gebali, "The League of Nations and Functionalism" (A. J. R. Groom and P. Taylor, ed., *Functionalism: Theory and Practice in International Relations*, London: University of London Press 1975), p. 154.

（7） L. N., "The Development of International Cooperation in Economic and Social Affairs" (L. N. A23. 1939), pp. 5–6.

（8） *Ibid.*, pp. 11–16.

(9) Stanley Hoffmann and Charles Maier, eds., *The Marshall Plan: A Retrospective*, Boulder and London: Westview Press, 1984, p. 3. 永田実『マーシャル・プラン』中央公論新社、一九九〇年、一一九、一二八、一三九頁。
(10) 同右、一五四頁。*Ibid.*, p. 77.
(11) 同右、一〇一、一二六頁。
(12) Lincoln Gordon, "The Organization for European Economic Cooperation," *International Organization*, Vol. 10-1 (1956), pp. 1-4.
(13) 永田、前掲書、一一、五二、一〇七頁。
(14) Gordon, "The Organization for European Economic Cooperation," pp. 7-9.
(15) 永田、前掲書、八七、一〇二―一〇六頁。Hoffmann and Maier, *The Marshall Plan*, p. 10.
(16) Gordon, "The Organization for European Economic Cooperation," pp. 5-6.
(17) 永田、前掲書、一六二頁。*Ibid.*, p. 8. Michael J. Hogan, *The Marshall Plan: America, Britain and the Reconstruction of Western Europe, 1947-52*, Cambridge: Cambridge University Press, 1987, p. 138.
(18) Robert H. Jackson, *Quasi-States: Sovereignty, International Relations and the Third World*, Cambridge: Cambridge University Press, 1990, p. 23.
(19) *Ibid.*, pp. 27-29.
(20) *Ibid.*, p. 21.
(21) *Ibid.*, pp. 110-115.
(22) E. R. Wicker, "Colonial Development and Welfare, 1929-1957: The Evolution of a Policy," *Social and Economic Studies*, Vol. 7-4 (1978), p. 172.
(23) *Ibid.*, p. 173.
(24) *Ibid.*, p. 174.
(25) *Ibid.*, p. 170.
(26) *Ibid.*, p. 176.
(27) *Ibid.*, pp. 182-186.
(28) *Ibid.*, pp. 190-191.

(29) Jackson, *Quasi-States*, p. 113.

(30) Bill Cooke, "From Colonial Administration to Development Management," *IDPM Discussion Paper Series Working Paper* No. 63 (2001), Institute for Development Policy and Management, University of Manchester Precinct Center, p. 7. Anthony Kurk-Greene, "Public Administration and the Colonial Administrator," *Public Administration and Development*, Vol. 19 (1999), p. 518.

(31) Bill Cooke, "A New Continuity with Colonial Administration: Participation in Development Management," *Third World Quarterly*, Vol. 24-1 (2003).

(32) ＯＤＡとは、途上国あるいは多国間機関向けに政府機関が提供するものであり、経済開発・厚生を目的とするものである。ＯＤＡについては、譲許性（グラントエレメント二五％以上）が要求される。

(33) 国際開発委員会『開発と援助の構想——ピアソン委員会報告』日本経済新聞社、一九六九年、一—二頁。

(34) 同右、二—四頁。

(35) 同右、五—六頁。

(36) 同右、一一六—一一八頁。

(37) 同右、一二〇頁。

(38) 同右、一三八—一四〇頁。

(39) 同右、一四〇—一五一頁。

(40) U. N., *A Study of the Capacity of the United Nations Development System*, Vol. 2, 1969, p. 7.

(41) *Ibid*., p. 8.

(42) *Ibid*., p. 12.

(43) *Ibid*.

(44) *Ibid*., p. 13.

(45) U. N., *A Study of the Capacity of the United Nations Development System*, Vol. 1, 1969, pp. VII, 22. U. N, A Study the Capacity Vol. 2, 1969, p. 109.

(46) U. N., *A Study of the Capacity*, Vol. 1, 1969, p. 22. U. N., *A Study the Capacity*, Vol. 2, 1969, pp. 38, 120.

(47) U. N., *A Study of the Capacity*, Vol. 1, 1969, pp. IV, VI., U. N., *A Study the Capacity*, Vol. 2, 1969, pp. 283–284.

(48) *Ibid*., p. 178.
(49) U. N., *A Study of the Capacity*, Vol. 1, 1969, p. 39. U. N., *A Study the Capacity*, Vol. 2, 1969, p. 341.
(50) *Ibid*., p. 342.
(51) 中田勝己『ＵＮＤＰ』国際開発ジャーナル社、一九八五年、第三章。
(52) 一定の政策転換を条件に資金を提供するプログラム。
(53) J. M. Nelson, "Poverty, Equity, and the Politics of Adjustment" (S. Haggard and R. R. Kaufman, eds., *The Politics of Economic Adjustment*, Princeton: Princeton University Press, 1992). World Bank OED, *World Bank Structural and Sectoral Adjustment Operation: The Second OED Overview*, 1992.
(54) 下村恭民編『アジアのガバナンス』有斐閣、二〇〇六年、第一章、終章。
(55) ＯＯＦとは、開発目的以外の目的（商業目的、輸出促進、投資支援等）のために供給される公的資金、あるいは開発目的のための公的資金ではあるが譲許性が低いもの（グラントエレメント二五％以下）を指す。
(56) Devesh Kapur, "Remittances: The New Development Mantra?," Paper prepared for the G-24 Technical Group Meeting, 2003, pp. 5-7.
(57) *Ibid*., p. 21.
(58) http://www.gefweb.org/What_is_the_GEF/what_is_the_gef.html#Funding
(59) 二〇〇一年二月ＧＥＦヒアリング（ワシントンＤＣ）。
(60) http://www.gefweb.org/Partners/Private_Sector/private_sector.htm
(61) 二〇〇一年二月ＧＥＦヒアリング（ワシントンＤＣ）。
(62) 同右。
(63) Helmut Fuhrer, "The Story of Official Development Assistance: A History of the Development Assistance Committee and the Development Cooperation Directorate in Dates, Names and Figures," OECD, 1996, p. 8.
(64) *Ibid*., p. 11.
(65) ＤＡＧから組織再編され、一九六一年一〇月に第一回会合が開催された。
(66) Fuhrer, "The Story of Official Development Assistance," p. 9.
(67) *Ibid*., pp. 21, 24.

(68) *Ibid.*, p. 17.
(69) *Ibid.*, p. 21.
(70) 調達先が援助主体国内企業に限られる援助。
(71) OECD Policy Brief, "Untying Aid to the Least Developed Countries," July 2001.
(72) OECD, "The Export Credit Arrangement: Achievement and Challenges 1978–1998," OECD, 1998.
(73) 日本プラント協会『国際ルールに基づいたタイド援助の可能性に関する調査研究』日本プラント協会、一九九八年。
(74) Tony Owen, "The Body of Experience Gained under the Helsinki Disciplines," 1998.
(75) World Bank, *World Development Report 1985*, p. 107.
(76) Elliott R. Morss, "Institutional Destruction Resulting from Donor and Project Proliferation in Sub-Saharan African Countries," *World Development*, Vol. 12–4 (1984), p. 466.
(77) A. J. Barry, *Aid Coordination and Aid Effectiveness: A Review of Country and Regional Experience*, Paris: OECD Development Center, 1988, p. 32.
(78) *Ibid.*, p. 13.
(79) *Ibid.*, p. 14.
(80) *Ibid.*
(81) *Ibid.*, p. 16.
(82) *Ibid.*, p 18.
(83) *Ibid.*, p. 19.
(84) *Ibid.*, p. 20.
(85) *Ibid.*, p. 22.
(86) *Ibid.*, p. 23.
(87) Sven B. Kjellstrom, Ayite-Fily d'Almeida, "Aid Coordination: a Recipient's Perspective," *Finance & Development*, September 1986, pp. 38–39.
(88) Robert Cassen and associates , *Does Aid Work?* (Second Edition), Oxford: Clarendon Press, 1994, p. 183.
(89) Barry, *Aid Coordination and Aid Effectiveness*, pp. 77–81.

(90) Cassen, *Does Aid Work?* (Second Edition), pp. 76–78.
(91) *Ibid.*, p. 178.
(92) *Ibid.*, pp. 184–185.
(93) U. N., “Road map towards the Implementation of the United Nations Millennium Declaration” (A/56/326), 2001.
(94) 富本幾文「ミレニアム開発目標とは何か?」『アジ研　ワールド・トレンド』第九一号（二〇〇三年四月号）、五頁。
(95) 吉澤啓「保健／国際保健医療協力のひとつの帰結」、前掲『アジ研　ワールド・トレンド』第九一号、二二頁。
(96) 同右、二四頁。
(97) U. N., “Road Map toward the Implementation of the United Nations Millennium Declaration,” p. 7.
(98) *Ibid.*
(99) U. N., “Report of the International Conference on Financing for Development,” 2002, pp. 2–3.
(100) *Ibid.*, p. 4.
(101) *Ibid.*, p. 6.
(102) *Ibid.*, p. 8.
(103) *Ibid.*, pp. 9–11.
(104) *Ibid.*, pp. 11–13.
(105) OECD, *Harmonising Donor Practices for Effective Aid Delivery*, OECD, 2003, pp. 10–12.
(106) *Ibid.*, p. 10.
(107) *Ibid.*, p. 11.

Ⅱ章

(1) 橋本卓「アメリカの援助政策とタイ官僚制（一）――タイへの行政援助を中心に」『同志社法学』三四巻一号（一九八二年）、九三頁。
(2) 同右、九四頁。二〇〇六年三月首相府予算局ヒアリング（バンコク）。
(3) Nipon Poapongsakorn, Viroj Naranong and Adis Israngkul Na Ayudhaya, “Final Report: The Process of Formu-

lating Poverty Reduction Strategies in Thailand," 2001, pp. 24–26.

（4） Douglas Webster and Patharaporn Theeratham, "Policy Coordination, Planning and Infrastructure Provision: A Case Study of Thailand," 2004, p. 14.

（5） *Ibid.*, p. 13.

（6） *Ibid.*, p. 14.

（7） *Ibid.*

（8） *Ibid.*, p. 5.

（9） 二〇〇六年三月首相府予算局ヒアリング（バンコク）。

（10） Medhi Krongkaew, "New Political Economy of Thailand's Budgetary Process: A Preliminary Look," 1995, p. 4.

（11） *Ibid.*, p. 11.

（12） Webster and Theeratham, "Policy Coordination, Planning and Infrastructure Provision," p. 13.

（13） Krongkaew, "New Political Economy of Thailand's Budgetary Process," p. 6.

（14） *Ibid.*, p. 5.

（15） 二〇〇六年三月国際協力銀行バンコク事務所ヒアリング（バンコク）。

（16） Webster and Theeratham, "Policy Coordination, Planning and Infrastructure Provision," p. 21.

（17） Krongkaew, "New Political Economy of Thailand's Budgetary Process," p. 4.

（18） 二〇〇六年三月財務省公的債務管理局ヒアリング（バンコク）。

（19） 一九九三年一二月首相府ＤＴＥＣヒアリング（バンコク）。

（20） 同右。

（21） 同右。

（22） 二〇〇六年三月ＪＩＣＡバンコク事務所ヒアリング（バンコク）。

（23） 二〇〇六年三月国際協力銀行バンコク事務所ヒアリング（バンコク）。

（24） L.M. Briones, "The Philippines: Successes and Challenges in Resource Use and Efficiency," 1997.

（25） 一九九七年二月ＮＥＤＡヒアリング（マニラ）。

（26） World Bank, "Philippines: Background Paper to Public Expenditure Management for Sustainable and Equita-

ble Growth," 1995, section 3.
(27) 一九九七年一月ＮＥＤＡヒアリング（マニラ）。
(28) World Bank, "Philippines," section 3.
(29) フィリピン財務省資料。
(30) DBM, "National Budget Call FY 1998".
(31) 二〇〇六年三月国際協力銀行ヒアリング（東京）。
(32) 一九九七年一月財務省ヒアリング（マニラ）。
(33) World Bank, "Philippines," section 3.
(34) 一九九七年一月予算管理省ヒアリング（マニラ）。
(35) 同右。
(36) 一九九七年一月ＰＩＤＳ（Philippines Institute of Development Studies）ヒアリング（マニラ）。
(37) World Bank, *Philippines — Improving Government Performance: Discipline, Efficiency and Equity in Managing Public Services — A Public Expenditure, Procurement and Financial Management Review*, 2003, pp. 38–39.
(38) *Ibid*., p. 46.
(39) *Ibid*., p. 40.
(40) *Ibid*., p. vii.
(41) *Ibid*., p. 49.
(42) *Ibid*., p. 53.
(43) *Ibid*., p. 75.
(44) *Ibid*., p. 56.
(45) 一九九七年一月アジア開発銀行、海外経済協力基金フィリピン事務所ヒアリング（マニラ）。
(46) 二〇〇六年三月国際協力銀行ヒアリング（東京）。
(47) World Bank, *Philippines — Improving Government Performance*, pp. 112–113.
(48) http://www.pdf.ph/about.htm
(49) "2005 Philippines Development Forum: A Meeting of the Philippines Consultative Group and Other Stakehol-

ders : Summary of Discussion."

(50) "2006 Philippines Development Forum."

(51) ＢＡＰＥＮＡＳ資料。

(52) 飯島聡「インドネシア国家開発計画システム法の制定とその意義について」『開発金融研究所報』第二五号（二〇〇五年七月）、一六八頁。

(53) 同右。

(54) 一九九七年三月ＢＡＰＥＮＡＳヒアリング（ジャカルタ）。

(55) 飯島、前掲「インドネシア国家開発計画システム法の制定とその意義について」、一六八頁。

(56) 同右、一七三頁。

(57) 同右、一六八頁。

(58) 同右、一七二頁。

(59) 同右、一七五頁。

(60) 二〇〇六年三月国際協力銀行ヒアリング（東京）。

(61) World Bank, *Indonesia — Selected Fiscal Issues in a New Era*, 2003, pp. 56-57.

(62) 一九九七年三月財務省、ＣＰＩＳ（Center for Policy and Implementation Studies）ヒアリング（ジャカルタ）。

(63) 一九九七年三月ＢＡＰＥＮＡＳ、ＣＰＩＳ（Center for Policy and Implementation Studies）ヒアリング（ジャカルタ）。

(64) Australian International Development Assistance Bureau County Programs Division, "Introduction to Government Administration, Planning and Budgeting in Indonesia."

(65) 二〇〇六年三月国際協力銀行ヒアリング（東京）。

(66) 一九九七年三月世界銀行インドネシア事務所、ＣＳＩＳ（Center for Strategic and International Studies）ヒアリング（ジャカルタ）。

(67) 二〇〇六年三月国際協力銀行ヒアリング（東京）。

(68) 一九九七年三月インドネシア中央銀行ヒアリング（ジャカルタ）。

(69) 一九九七年三月財務省ヒアリング（ジャカルタ）。

(70) The Jakarta Post, 26 April 1996.
(71) 一九九七年一一月ＩＭＦヒアリング（ワシントン）。
(72) 同右。
(73) The Jakarta Post, 16 January 1996, 17 January 1996, 1 February 1996, 13 June 1996, 20 December 1996.
(74) 一九九七年三月外国企業関係者ヒアリング（ジャカルタ）。
(75) 白石隆『インドネシア：国家と政治』リブロポート、一九九二年、第三章。
(76) 一九九七年三月財務省内ハーバード大学国際開発研究所関係者ヒアリング（ジャカルタ）。
(77) 飯島、前掲「インドネシア国家開発計画システム法の制定とその意義について」、一六九—一七〇頁。
(78) 同右、一七一頁。
(79) 同右、一七四頁。
(80) 一九九七年三月ＢＡＰＥＮＡＳヒアリング（ジャカルタ）。
(81) 一九九七年三月ＪＩＣＡジャカルタ事務所ヒアリング（ジャカルタ）。
(82) 同右。
(83) 二〇〇六年三月国際協力銀行ヒアリング（東京）。
(84) "Press Release: CGI Supports Indonesia's Medium Term Development and Reconstruction of Disaster Areas" 14 June 2006.
(85) 二〇〇六年三月国際協力銀行ヒアリング（東京）。
(86) 同右。
(87) 同右。
(88) Peter Harrold and Associates, "The Broad Sector Approach to Investment Lending: Sector Investment Programs" (World Bank Discussion Papers 302), World Bank, 1995, pp. 3–4.
(89) *Ibid.*, pp. 7–17.
(90) *Ibid.*, pp. 32–33.
(91) Ministry of Foreign Affairs of Denmark, "Report of the Group of Independent Advisers on Development Cooperation Issues between Tanzania and Its Aid Donors," 1995, pp. 1–2.

(92) *Ibid.*, pp. 3–6.
(93) *Ibid.*, p. 14.
(94) *Ibid.*, pp. 15–20.
(95) *Ibid.*, pp. 10–12.
(96) *Ibid.*, pp. 24–28.
(97) *Ibid.*, p. 30.
(98) 古川光明「アフリカを取り巻く援助動向とその対応（一考察）――タンザニアをケースとして」（『ＰＲＳＰと援助協調に関する論考』ＪＩＣＡ、二〇〇四年）一〇〇、一〇三頁。Dag Aarnes, "Budget Support and Aid Coordination in Tanzania: Report presented to the Norwegian Embassy in Dar es Salaam," 2004, p. 3.
(99) 古川、前掲「アフリカを取り巻く援助動向とその対応（一考察）」一〇二頁。
(100) Benjamin William Mkapa , "Opening Speech By the Presidency of the United Republic of Tanzania, His Excellency Benjamin William Mkapa, at the High-Level Forum on Development Assistance Harmonziation, Rome, Italy, 24 February 2003," p. 7.
(101) 古川、前掲「アフリカを取り巻く援助動向とその対応（一考察）」一〇七―一〇八頁。
(102) 同右、一三〇頁。
(103) World Bank, *Tanzania Role of Government Public Expenditure Review*, 1994, p. 12.
(104) World Bank, *Tanzania Public Expenditure Review*, 1997, p. 74.
(105) Danieal Ngowi, "Effects of Budgetary Process Reforms on Economic Governance: Evidence from Tanzania," Economic and Social Research Foundation, 2005, p. 6.
(106) *Ibid.*, p. 8.
(107) World Bank, *United Republic of Tanzania Public Expenditure Review FY03*, 2003, pp. I, 41–4.
(108) *Ibid.*, p. 69.
(109) Ngowi, "Effects of Budgetary Process Reforms on Economic Governance," p. 9.
(110) *Ibid.*, p. 10.
(111) *Ibid.*, pp. 3–5.

(112) 古川、前掲「アフリカを取り巻く援助動向とその対応（一考察）」一一八―一一九頁。

(113) World Bank, "Tanzania Health Sector" (Supporting Sector-wide and Program-based Approaches Case Brief No. 9), 2005, p. 1.

(114) *Ibid.*, p. 2.

(115) 二〇〇六年二月世界銀行ヒアリング（ワシントンＤＣ）。

(116) World Bank, "Tanzania Health Sector," p. 2.

(117) *Ibid.*, p. 3.

(118) 古川、前掲「アフリカを取り巻く援助動向とその対応（一考察）」一二九頁。

(119) World Bank, *United Republic of Tanzania Public Expenditure Review FY03*, pp. ii, 18.

(120) World Bank, *Tanzania Public Expenditure Review*, 1997, p. 76.

(121) World Bank, *Tanzania Role of Government Public Expenditure Review*, 1994, p. 12.

(122) *Ibid.*, p. 54.

(123) *Ibid.*, pp. 54, 56.

(124) Ngowi, "Effects of Budgetary Process Reforms on Economic Governance," pp. 11–12.

(125) World Bank, *United Republic of Tanzania Public Expenditure Review FY03*, p. 66.

(126) Mkapa, "Opening Speech," p. 6.

(127) *Ibid.*

(128) *Ibid.*, p. 7.

(129) 例えば、ウィルダフスキーは、包括的な多セクター計画を批判し、基金等に分断化された予算や継続的予算（continues/repetitive budgeting）が現地の文脈によっては合理的対応であり得ることを示唆している。下記を参照。A. Naomi Caiden and Aaron Wildavsky, *Planning and Budgeting in Poor Countries*, New Brunswick : Transaction Publishers, 1990.

Ⅲ章

(1) Elinor Ostrom, Larry Schroeder and Susan Wynne, *Institutional Incentives and Sustainable Development — Infra-*

structure Policies in Perspective, Boulder: Westview Press, 1993.

（2） Hans Morgenthau, "A Political Theory of Foreign Aid," *The American Political Science Review*, Vol. 56–2 (1962).

（3） Albert O. Hirschman, *Development Projects Observed*, Washington D.C.: The Brookings Institution, 1967, chapter 3.

（4） インドネシア、タイ、韓国の分権化とそのプロセスの概括的比較に関しては、以下を参照。城山英明「地方分権化の国際比較——韓国、タイ、インドネシア」（下村恭民編『アジアのガバナンス』有斐閣、二〇〇六年）。なお、本節の基礎となった研究は、以下のものである。城山英明「ガバナンス改革の実践と課題——インドネシアの地方分権を素材として」（『アジアのガバナンス』日本国際問題研究所、二〇〇一年）。

（5） 二〇〇一年三月GTZインドネシア事務所ヒアリング（ジャカルタ）。

（6） 二〇〇一年三月USAIDインドネシア事務所ヒアリング（ジャカルタ）。

（7） 二〇〇一年三月世界銀行インドネシア事務所ヒアリング（ジャカルタ）。

（8） Masaaki Okamoto, "Decentralization in Indonesia: a Project for National Integration" (*Government Decentralization Reforms in Development Countries*, Institute of International Cooperation (JICA), 2001), p. 8.

（9） 城山、前掲「ガバナンス改革の実践と課題」三九頁。

（10） 二〇〇一年三月インドネシア財務省ヒアリング（ジャカルタ）。

（11） 二〇〇一年三月USAIDインドネシア事務所ヒアリング（ジャカルタ）。

（12） 二〇〇一年三月インドネシア国家人事院ヒアリング（ジャカルタ）。

（13） 二〇〇一年三月JICAインドネシア事務所ヒアリング（ジャカルタ）。

（14） 二〇〇一年三月GTZインドネシア事務所ヒアリング（ジャカルタ）。

（15） 岡本正明「再集権化するインドネシア——内務省による権限奪回とユドヨノ新政権の展望」（『インドネシアの将来展望と日本の援助政策』国際金融情報センター、二〇〇五年）四九—五四頁。

（16） A.M.A. Karaos, M.V. Gatpatan and R.V. Hotz, "Making A Difference: NGO and PO — Policy Influence in Urban Land Reform Advocacy," Institute on Church and Social Issues, 1995.

（17） *CMP Bulletin*, 1995. 4–6.

(18) 一九九五年七月都市貧困のための大統領委員会ヒアリング（マニラ）。

(19) E.J. Anzorena, *Housing Finance in the Philippines*, SELAVIP, 1992. E.J. Anzorena, *Housing the Poor: The Asian Experience*, The Asian Coalition for Housing Rights, 1994.

(20) W.J. Keyes, "The Community Mortgage Program," 1995.

(21) 一九九四年一一月UPAヒアリング（マニラ）。

(22) D. Murphy, *The Urban Poor — Land and Housing*, The Asian Coalition for Housing Rights, 1993.

(23) 一九九四年一一月FDUP、CHHEDヒアリング（マニラ）。

(24) 一九九四年一一月PBSPヒアリング（マニラ）。PBSP, "NCR-ARM." PBSP, *1993 Annual Report*, 1994.

(25) 一九九四年一一月マカトゥーリン地区関係者ヒアリング（マニラ）。PBSP,"NCR-ARM."

(26) 一九九四年一一月ボナンザ地区関係者ヒアリング（マニラ）。PBSP,"NCR-ARM."

(27) 安田奈美子他「フィリピンのコミュニティー抵当事業における「オリジネーター」に関する研究——中間セクターとしての特徴と役割について」『第二九回日本都市計画学会学術研究論文集』一九九四年。

(28) *CMP Bulletin*,1995. 2-3.

(29) 以下の類型の分析は、下記における分析を基に整理したものである。城山英明「対中環境援助の構図」『学士会会報』八二一号（一九九八年）。城山英明「東アジアにおける環境レジームと国内実施——中国における石炭燃焼問題への国際的対応とその限界」（寺尾忠能・大塚健司編『「環境と開発」の政策過程とダイナミズム』アジア経済研究所、二〇〇二年）。

(30) 一九九九年一一月石川島播磨重工、東芝ヒアリング（東京）。

(31) 通商産業省通商政策局経済協力部『アジアの環境の現状と課題』通商産業調査会出版部、一九九六年、第三章第二節。

(32) GEF, *China: Efficient Industrial Boilers* (Report No. 16132-CHA), Washington, D.C.: World Bank, 1996.

(33) 通商産業省通商政策局経済協力部、前掲『アジアの環境の現状と課題』、第三章第二節。

(34) 一九九七年七月長寿化学工場ヒアリング（重慶）。

(35) 一九九七年七月三菱重工ヒアリング（東京）。

(36) World Bank, *China: Chonqing Industrial Pollution Control and Reform Project* (Report No. 15387-CHA), Washington, D.C.: World Bank, 1996.

(37) 以下の要因分析は、下記における分析を基に整理・展開したものである。城山英明「中国石炭燃焼問題への国際的対応と国内・国際制度の影響」『環境共生』第四巻（二〇〇〇年）。城山、前掲「東アジアにおける環境レジームと国内実施」。

(38) Cui, Zhiyuan, "The Incentive and 'Energy Paradox' in the Chinese Coal and Industrial Boiler Industry," MIT Center for International Studies, 1998.

(39) Nobuhiro Horii, "Coal Industry: Development of Small Coal Mines in Market Transition and its Externality," (N. Horii and S. Gu, eds., *Transformation of China's Energy Industries in Market Transition and Its Prospects*, Chiba: Institute of Developing Economics, 2001).

(40) 一九九七年七月長寿化学工場ヒアリング（重慶）。

(41) 二〇〇六年一一月中国人民大学 Zhang Kunmin 教授の御教示による。

(42) ただし、最近は、地方環境局の人件費は排汚費からは支払わないようになったという。二〇〇六年一一月中国人民大学 Zhang Kunmin 教授の御教示による。

(43) 不十分なモニタリング故に脱硫装置等を設置しても運転しないという問題は現在も持続しているようである。二〇〇六年一一月中国人民大学 Zhang Kunmin 教授の御教示による。

(44) Cui, Zhiyuan, "The Incentive and 'Energy Paradox' in the Chinese Coal and Industrial Boiler Industry."

(45) Nicholas R. Lardy, *China's Unfinished Economic Revolution*, Washington, D.C.: Brookings Institution Press, 1998.

(46) 国際環境技術移転研究センター『中国及びアセアン三ヵ国における環境技術移転成果の定着・普及調査』国際環境技術移転研究センター、一九九六年、三五―三六頁。

(47) 一九九九年一一月石川島播磨重工、東芝ヒアリング（東京）。

(48) 一九九九年一一月荏原製作所ヒアリング（東京）。

(49) 一九九九年一一月石川島播磨重工、東芝ヒアリング（東京）。

(50) 一九九七年一〇月世界銀行ヒアリング（ワシントンDC）。

(51) SEENの活動についてはウェブサイト（http://www.seen.org）を参照。

(52) Tony Owen, "The Body of Experience Gained under the Helsinki Disciplines," 1998.

Ⅳ章

（1）Hirschman, *Development Projects Observed*, chapter 1.

（2）歴史的展開及び一九九〇年代の制度・運用については、以下の調査を基礎に、最近の展開も踏まえて整理した。城山英明「アメリカのODA評価活動」（『ODAの評価システム』、行政管理研究センター、一九九三年）。

（3）ADSとはAutomated Directive Systemのことであり、現在のUSAIDの基本的ルールはこのシステムの番号に従って整理されている。

（4）川口融『アメリカの対外援助政策』アジア経済研究所、一九八〇年。

（5）一九九二年一一月USAIDヒアリング（ワシントンDC）。

（6）USAID Bureau for Program And Policy Coordination, "The A.I.D. Evaluation System : Past Performance and Future Directions," 1992.

（7）USAID CDIE, *Rapid Low-cost Methods For Evaluation*, 1992.

（8）USAID, *A.I.D. Evaluation Handbook*, 1987.

（9）歴史的展開及び一九九〇年代の制度・運用については、以下の調査を基礎に、最近の展開も踏まえて整理した。城山英明「国際機関のODA評価活動」（『ODAの評価システム（Ⅱ）』行政管理研究センター、一九九四年）。

（10）元田結花「世界銀行」（田所昌幸・城山英明編『国際機関と日本――活動分析と評価』日本経済評論社、二〇〇四年）、九〇―九一頁。

（11）同右、九二頁。

（12）Christopher Willoughby, "First Experiments in Operations Evaluation : Roots, Hopes, and Gaps"（Patrick G. Grasso, Sulaiman S. Wasty and Rachel V. Weaving, eds., *World Bank Operations Evaluation Development : The First 30 Years*, 2003）, pp. 3–4.

（13）*Ibid.*, pp. 7–9.

（14）一九九二年一一月世界銀行業務評価部インタビュー（ワシントンDC）。

（15）Mervyn L. Weiner, "Institutionalizing the Evaluation Function at the World Bank 1975–1984"（Grasso, et al, *World Bank Operations Evaluation Development*, 2003）, p. 22.

(16) *Ibid*., p. 19.
(17) *Ibid*., p. 25.
(18) Yves Rovani "Building up the Capacity and Influence of Evaluation in the Bank and Outside, 1986–92" (Grasso, et al, *World Bank Operations Evaluation Development*, 2003), pp. 31–33.
(19) Willoughby, "First Experiments in Operations Evaluation," p. 8.
(20) *Ibid*., p. 11.
(21) *Ibid*., p. 8.
(22) Graham Donaldson, "From Working Methods to Business Plan, 1984–94" (Grasso, et al, *World Bank Operations Evaluation Development*, 2003), p. 49.
(23) Rovani, "Building up the Capacity and Influence of Evaluation in the Bank and Outside," p. 33.
(24) Robert Picciotto, "The Logic of Renewal: Evaluation at the World Bank" (Grasso, et al, *World Bank Operations Evaluation Development*, 2003), p. 66.
(25) Rovani, "Building up the Capacity and Influence of Evaluation in the Bank and Outside," p. 37.
(26) 一九九二年一一月世界銀行業務評価部インタビュー（ワシントンDC）。
(27) World Bank Portfolio Management Task Force, *Effective Implementation: Key to Development Impact*, 1992.
(28) Robert Cassen and associates, *Does Aid Work?* (Second Edition) Oxford: Clarendon Press, 1994.
(29) World Bank, *Evaluation Results for 1989*, 1991.
(30) 一九九二年一一月世界銀行業務評価部インタビュー（ワシントンDC）。
(31) Rovani, "Building up the Capacity and Influence of Evaluation in the Bank and Outside," p. 36.
(32) *Ibid*., p. 40.
(33) Picciotto, "The Logic of Renewal," pp. 63–65.
(34) 元田、前掲「世界銀行」九一頁。
(35) Picciotto, "The Logic of Renewal," p. 65.
(36) Elizabeth McAllister, "OED Renewal: Participation, Partnership and Results" (Grasso, et al, *World Bank Operations Evaluation Development*, 2003), p. 75.

(37) http://www.worldbank.org/oed/oed_tools.html

(38) McAllister, "OED Renewal," p. 78.

(39) http://www.worldbank.org/oed/oed_tools.html

(40) 本節は、以下の調査を基礎に加筆・修正したものである。城山英明「異議申立手続の機能・性格・課題——マネジメント手段か紛争解決手段か?」（『平成一四年度環境社会配慮研究会報告書』地球・人間環境フォーラム、二〇〇三年）。

(41) Ibrahim F.I. Shihata, *The World Bank Inspection Panel: In Practice*, second edition, Oxford: Oxford University Press, 2000, pp. 2–4.

(42) *Ibid.*, pp. 4–5.

(43) *Ibid.*, p. 219.

(44) *Ibid.*, p. 221.

(45) DFID, "PSA 2003–2006." DFID, "PSA 2005–2008."

(46) DFID, "How Effective is DFID?," pp. 4–5.

あとがき

本書の構想のきっかけは、筆者の前著である『国際行政の構造』（東京大学出版会、一九九七年）の原型である助手論文（一九九二年三月）の未公表部分に遡る。前著においては、国際行政の歴史的展開と共に、国際通信行政を素材としてセクター別国際行政の制度と運用について検討したが、当初の論文においては、未成熟ながら、セクター間国際行政のあり方についても、本書でも対象とした国際連盟におけるブルース報告や国連開発計画におけるジャクソン報告といった調整に関する報告書を素材として論じることを試みていた。

その後、国際行政におけるセクター間行政を論ずるためには、むしろ、各国レベルでの援助調整のメカニズムに注目する必要があると考え、世界銀行の支援国会合や国連開発計画のラウンドテーブルに関する資料収集・分析を進め、一九九三年冬のタイにおける若干のヒアリング調査も踏まえて、その暫定的成果に関しては一九九四年五月の日本行政学会において「国際行政におけるセクター間行政——援助調整を素材として」と題して報告した。また、一九九五年の冬学期に最初に東京大学法学部で開講した演習は「国際行政の諸問題——国際援助行政を素材として」というテーマで行い、国際援助行政に関する関連分野の文献を幅広く議論した。

同時に、様々なプロジェクトを通して国際援助の多様な次元の現場に触れる機会を持つことができた。一九九二年から一九九三年にかけて行政管理研究センターにおいて実施された「政府開発援助（ODA）の評価システム等の国際比較に関する調査研究に関する研究」（委員長・高橋進東京大学法学部教授）において、アメリカ、世界銀行、国連開発計画等における援助主体の評価制度とその運用についてヒアリング調査を行う機会を得た。一九九四年から一九九五年に行った住宅総合研究財団の助成による共同研究「住宅・都市政策の日本・欧州・アジアにおける政策手段の新展開」（主査・金井利之東京都立大学法学部助教授（当時））では、フィリピンのコミュニティー抵当事業を中心とする住宅政策の制度と運用についてマニラにおいてヒアリング調査を行った。また、一九九七年春には、大蔵省から出向していた足立伸東京大学法学部客員助教授（当時）等との共同研究により、フィリピン、インドネシア、マレーシアの財政・予算制度とその運用について国際援助とのインターフェースにも注目しつつヒアリング調査を行った。一九九七年夏にはケニアとザンビアにおいても財政・予算制度と国際援助の接点に関するヒアリング調査を行うことができた。各受入国の財政と国際援助のインターフェースを踏まえて国際援助行政の全体像を明らかにするとともに、評価活動や現場における実施活動もその中に位置づけたいという、本書の骨格となるアイディアは、このような現場での調査と国際援助行政に関する歴史的理論的考察を繋げようという試みの中から生まれてきたものである。

当初の構想では、このような材料を活かして、一九九〇年代の末までには本書をまとめる予定であった。しかし、その後、本書の執筆は、一九九七年から一九九九年のマサチューセッツ工科大学国際研究センターへの留学や、関連して実施された東京大学・マサチューセッツ工科大学・スイス連邦工科大学間のＡＧＳ（Alliance for Global Sustainability）における学際的な国際共同研究を契機として、筆者自身の仕事が科学技術と公共政策の接点の領域にシフトすることによって、遅れることとなった。ただしその中でも、国際援助との接点となる仕事は続いた。まず、ＡＧＳにおいて最初にかかわった共同研究は、ケネス・オーエ・マサチューセッツ工科大学政治学部教授や定方正毅東京大学工学部教授（当時）等と行った中国の石炭燃焼問題とそれへの国際援助等の対応の実効性にかかわるものであった。国際交流基金日米センターの支援も得たこの研究の一環として、学際的なチームで、北京や重慶といった中国各地においてヒアリング調査を行うと共にワシントンの世界銀行等においても調査を行った。特に、現場レベルの国際援助実施過程における多様なインセンティブや能力問題、特に企業の役割については、この研究を通して認識した面も多い。

一九九九年のアメリカからの帰国後は、インドネシアを中心とするアジア諸国の地方分権とそれに対する国際援助のあり方について考える機会を得た。まず、国際問題研究所で実施された「アジアの発展の経験に関する基礎的調査・アジアのガバナンス」（主査・下村恭民法政大学人間環境学部教授）において、当時分権化が急速に進みつつあったインドネシアにおけるガバナンス改革に関するヒアリング調査を二〇〇一年に行った。その後、森田朗東京大学法学部教授等とともにインドネシアの地方分権化の下でのＪＩＣＡの地方人材育成プロジェクトに多少実践的にかかわった。あるいは、ＧＥＦ

（地球環境ファシリティー）の運用や世界銀行等の多国間援助主体における異議申立制度について研究する機会も得た。また、評価という観点から、日本の援助主体の実務にも若干かかわることとなった。二〇〇三年以降現在に至るまで、ＪＩＣＡを対象とする外務省独立行政法人評価委員会委員と国際協力銀行業務運営評価制度・年間事業評価に係る外部有識者委員会委員を継続的に務めている。前者は外部評価者としてかかわるものであり、後者は内部評価に関するアドバイスを行うものであり、その性格は相当異なるが、各々、変革期の援助主体の全体像やその課題を把握する上では貴重な機会となった。

回り道をしてきたが、二〇〇六年になってからは、本書をまとめることを念頭に置いて、補足的な調査を行った。具体的には、様々な関係者の助力も得て、タイにおける財政・予算制度と国際援助との関係に関するヒアリング調査を行い、ワシントンの世界銀行やパリのＯＥＣＤ（経済協力開発機構）においてハーモナイゼーション（調和化）やその運用に関するヒアリング調査を行った。援助の歴史的経緯についても若干の調査を行った。また、時間的制約もあり現場に赴けなかったため不十分なものにならざるを得なかったが、インドネシア、フィリピンにおける財政・予算制度の動向、中国における環境援助の実施状況等についての情報収集も行った。ただし、主要な調査は一九九〇年代後半に行っていたため、どこまで最近の状況をフォローできたかについては限界があるのではないかと思う。また、最近のＰＲＳＰ（Poverty Reduction Strategy Paper）の実施と受入国内財政・予算との関係等については不十分な分析しかできなかった。このように不完全なものではあるが、国際援助の様々な現場を踏まえて全体を俯瞰するという当初の目的は、なんとか達成されたのではないかと考えている。なお、とりまとめの過程においては、二〇〇六年一一月の国際開発学会秋期全国大会の企画セッション"Governance of Aid"において、"The Structure of Aid Coordination and Issues for the Future"と題する報告をさせていただき、多くの方から貴重なコメントをいただいた。

国際援助のプラクティスもこの一〇年程度のうちに大きく変化しつつある。本書のとりまとめが現在までずれ込んだことにより、課題が明確になりつつあるという面もある。近年は、MDGs（ミレニアム開発目標）というグローバル・レベルでの共通目標を用いて援助調整を試みるという仕組みや、ハーモナイゼーションへの具体的目標設定を試みる仕組みの例にみられるように、多様な援助主体による国際援助全体をどのように運営するかという問題意識が現実にみられる。本書が強調する国際援助をシステムとして認識する視座が、実践的重要性を持ちつつあるともいえる。ただし、本書の中でも論じたように、その方向性は多様である。ヨーロッパがEU（欧州連合）等を通して調和化を主導しているのに対して、アメリカは共通目標としてのMDGsにも一定程度コミットしているが、MCC（Millennium Challenge Corporation）のような新たなチャネルにおける供与対象国選定手続にみられるように、単独主義的方向性を保持している。また、OECDのDAC（開発援助委員会）に入っていない中国等の新興ドナー諸国は、調和化の枠組にはのらず、独自の選好と制度を保持している。このような中で、援助主体間調整の枠組あるいはその再編のあり方をどのように考えるのかは、知的にも実践的にも重要な課題となっているといえる。

一〇年前の前著に引き続いて、本書の出版においても、東京大学出版会の斉藤美潮氏にお世話になった。謝意を表したい。

二〇〇七年八月

城山英明

索　引

A－W

ア 行

カ 行

サ　行

タ　行

ナ　行

ハ　行

マ　行

ヤ　行

ラ　行

ワ　行

著者略歴
1965年　東京生れ
1989年　東京大学法学部卒業
現　在　東京大学大学院法学政治学研究科教授

主要編著書
『講座行政学第1巻　行政の発展』(共著，有斐閣，1994年)
『国際行政の構造』(東京大学出版会，1997年)
『グローバル・ガヴァナンス――政府なき秩序の模索』(共著，東京大学出版会，2001年)
『国際機関と日本――活動分析と評価』(共編著，日本経済評論社，2004年)
『融ける境 超える法5　環境と生命』(共編著，東京大学出版会，2005年)
『法の再構築Ⅲ　科学技術の発展と法』(共編著，東京大学出版会，2007年)

行政学叢書7　国際援助行政

2007年9月18日　初　版

[検印廃止]

著　者　城山英明《しろやまひであき》

発行所　財団法人　東京大学出版会
代 表 者　岡本和夫
113-8654 東京都文京区本郷7 東大構内
電話03-3811-8814・振替00160-6-59964
http://www.utp.or.jp/

印刷所　株式会社理想社
製本所　牧製本印刷株式会社

ISBN 978-4-13-034237-7　Printed in Japan